여름은 사랑의 천사
최백규 시집

문학동네시인선 238 최백규
여름은 사랑의 천사

시인의 말

내 앞에 있어도 너를 찾고
노래를 불러주고
춤을 추고
마주앉아 나무로 자라고
오늘 스친 바람을 되감고
웃고
네가 듣는 파도와 네가 보는 풍경을
나도 좋아하고
같은 곳을 바라보며 구름을 피우고
다른 곳을 바라보며 비를 마시고
네 눈을 가리고
네 심장에 입을 맞추고
네 손 위로 내 손을 포개고
우리의 숨이 어디까지 멀리 갈 수 있을지
돌아올 때까지 기다리고
해변과 숲속과 교실과 병실에
빛이 쏟아져도
여전히 너와 내가 아름다운 여름 아래 살아서
머리카락을 쓸어주고 이마를 맞대고
사랑해

2025년 여름
최백규

우리의 첫 여름을 축하해

차례

시인의 말   005

1부 구름이 흐르는 방향으로 바람이 일었다

사랑은 여름의 천사	014
스무 살	015
독립	016
살아 있는 동안 할 수 있는 일들을 했다	017
미래의 빛	018
그해 여름에서	020
어디서부터 끝내고 시작해야 하나	022
무채색	024
영원한 침묵	026
영원과 작별이 서로의 끝에 마주서서	027
마침내	028
유월 새벽	030
지망생	032
신의 미래	035
우리에게 빛이 있다면	037
서시	038

2부 우리가 웃으면 막이 오르듯 슬픈 일들이 벗겨지니까

일사병	040
일요일	042
졸업	044
아름다움이 이곳에 있다	046
커튼콜	048
소년원	051
모든 할아버지는 소년이었지만 모든 소년이 할아버지가 될 수는 없다	054
절벽	056
나는 네가 사랑할 때 짓는 표정을 모른다	057
낙원	058
네가 한없이 외로울 때 나를 부르면 이미 그곳에 서 있을게	060
야행성	063
새들은 왜 공중을 허공으로 흩어놓는가	066
지옥에도 아침은 온다	068

3부 아름다운 날에는 아름다움을 생각하지
않을 수 없었다

송곳니 072
제자리 074
꽃나무 076
집행유예 078
천국에서도 서로의 등을 긁어줄까 079
방과후 080
소년들의 공화국 082
습작생 084
꿈 087
체험판 게임 088
새 091
서울행 092
시차 094

4부 두 번 다시 돌아오지 않을 순간을 기억
하자

신열	096
안녕	098
모든 여름이 유서였다	100
우리가 함께하던 이 모든 여름에	109
재개발	110
월요일	112
입맞춤	114
몽유	116
전야제	118
나의 평화	119
영원	121
해방	122

해설 | 사랑이 아닌 다른 말로는 바꿀 수 없 　 123
　　　는 존재
　　　| 김준현(시인, 문학평론가)

1부
구름이 흐르는 방향으로 바람이 일었다

사랑은 여름의 천사

서로를 보면
열이 오른다 자취방 창가로 불어오는 여름
높이 들어 잔이 넘치도록 마시는 여름
거리에 쏟아지는 여름이
마음을 와락 적신다
어느 날은 햇살 아래 빛나는 너의 웃음이
여름이구나
내가 사랑하는 것이 이러한 여름이라 얼마나 다행인지
우리의 여러모로 비슷한 일상이
뜨거운 시절이라는 사실을
두 번 다시 돌아오지 않을 순간을 기억하자
이 여름이 우리의 첫사랑이니까
이제 시작이니까
너와 함께 있으면 내 삶이 다 망쳐질 것 같다는 예감이 들어 그래서
네가 좋아

스무 살

숲에서 잃은 길이
흰 숨을 몰아쉬어

돌 위로 얽힌 나무뿌리같이
손끝이 스치고

일어나서는
간밤 선하게 펼쳐진 낙원을 덧그리려 해봐도 마음처럼 되지 않는다

젊음만 믿고 섣불리 색을 칠하고 번지는 우리였다
눈부시도록 새파란
피로 씻으며

이대로 죄 달아나면 어쩌나 움켜쥘 수밖에 없던
살아 있는 동안 순례하듯 서로를 들여다보자 약속한 아침이 바래가고 있다

몸살이 가볍게 왔다 가듯

새떼가 친다

독립

 컨베이어 위로 구름이 흘렀다 빵과 우유를 삼키다 학교에서 제적되었다는 문자를 읽은 날이었다 그해 나는 자주 침상에서 뒤척였고 여러 공장을 번갈아 다니며 최저임금마저 떼였다 조립과 검수와 포장의 연속이었다 철야 후 공구 골목에서 이따금 쇳소리가 울리고 아침 공기도 적당히 산뜻했다 영화 상영 직후같이 비슷한 표정의 일용직들이 길 건너편으로 흩어지는 모양이 어지러웠다 그 시절에는 다세대주택 창고에 식물처럼 세 들어 살아도 괜찮았다 배가 고프면 수돗물을 마셨고 밑창이 해어진 신발을 신으면 빗물에 발이 젖어 뿌리부터 썩어 들어갔다 학교에서 제적된 것보다 천장에서 비가 떨어지는 것이 훨씬 큰일이었다 낮이면 식탁 위로 밤이면 이불 위로 쏟아졌다 먹고살기 위해 그곳에서 자고 일어나 다시 일하러 가는 게 지겨웠다 평생 이렇게 살 수는 없었다 돌아가고 싶은 마음도 들었지만 똑같거나 더 최악일 거라는 사실도 이해했다 내가 벌여온 짓들이 나를 망치고 있었다 숨을 참았다 한 발만 더 걸으면 열차가 즐겁게 나를 쓸어갈 수 있을 것이었다

살아 있는 동안 할 수 있는 일들을 했다

돈은 뺏고 물건은 훔치면 되는데
어리석게도 아버지는 매일 새벽 일터로 향했다 그때 내가
찢어버린 시들을 하나씩 펼쳐 읽으며 어머니는
무슨 생각을 했을까 거리에서 시위대와 전투경찰이 충돌했다 아무도
물러서지 않았다 노인들은 달성공원에 웅크리고 앉아
몸을 긁었고 동물들은 뜨거운 바닥을 어슬렁거리거나
햇볕을 받으며 서 있었다 친구들은
재개발구역에서 용역 일을 하고 집으로 돌아와 철거 통보서를 뜯어 읽었다 나는
칼을 갖고 다니던 형들에게 사람을 한 번에 죽이는 방법에 대해 배우고
꿈에서 정말 사람을 죽여 부끄러웠다
하지만 나의 애인은 아직도 나의 죄를 모르고 나의 의사는
나를 죽이지 못했다
놀이터에서 아이들은 웃거나 울고 집 앞 하수구마다
정체 모를 흰 연기가 피어오르고 우리는 드럼통에
불을 피운 채 둘러앉아 있었다 사는 것같이 살고 싶었다
구름이 흐르는 방향으로 바람이 일었다

미래의 빛

물을 마시려다 심장을 쏟고
숨이 차가워
우리가 우리를 빼앗긴 날에
너는 울었지 언젠가
나는 멀고
어떠한 형상도 이룰 수 없을 밤처럼
오래된 채색

미래로 돌아갈 수 있을 때까지
죽어 있었어

네가 없었다면 슬프거나 아프지 않았겠지만
네가 없어서

지루해 꿈속의 결혼식이 끝나지 않을 듯이 화려한 집과 차 좋은 사람을 나는 몰라
사랑을

지우고 있어 우리 아이가 원한 우주
얼룩진 캔버스와 빗물에 번지는 팔레트와 불현듯 스쳐가는 너의 웃음소리에도
무너지듯이

바다 위로 비를
연신 잃어 오늘 같은 어제가 멈추지 않아 이제야 평화야

그날의 그때
불꽃은 영화였고 붙잡으려 하면 눈이 시린

그해 여름에서

더는 커터 칼로 주민등록증을 긁지 않을 그해 여름에서
동기들은 도시로 상경하고 서로의 방을 떠돌며 무언가
신기했다 어쩐지 자꾸 두근거리고 쉽던 것이 참 어려워져 누군가
계속 보고 싶었다 그해 여름에서
모르는 곳들이 줄어들고 수상한 친구들이 늘어날수록
나는 말수가 적어지고 취하지 못했다 그해 여름에서
너는 어두운 복도를 똑바로 걸어나가 돌아오지 않았다

그해 여름에서 우리가 선택한
국회의원은 날치기로 법을 통과시켜 집값을 폭등시키고
본인 건물의 보증금과 월세를 몰래 올리다
적발되었다
그해 여름에서 염색공들의 피부도 함께 물들고
용접공들의 화상자국이 점점 깊고 넓게 퍼져만 갔다
그해 여름에서 전국 화장터에 시체들이 쌓이고
지지하는 정당이 여권인 시대라면 국민들은
누가 죽었는지 얼마나 불행한지
상관없었다

그해 여름에서 길가에 늘어선 가게들이 거짓말처럼 문을 닫고
취객들이 택시를 향해 소리치며 손을 흔들고

그해 여름에서 비행기가 폭파되고 지하철이 불타고 배가
가라앉았다
지겹다 지겨워서 잊히지 않는다
그해 여름에서 멀쩡한 건물과 다리가 무너지고
그해 여름에서 연쇄살인범들이 줄줄이 잡히고
아이들이 유괴되고 노인들이 스스로 실종되었다 무더운
여름이었다

그해 여름에서 그해 여름에서

모르는 번호의 전화가 울리고 주먹으로 벽을 세게 때리고
아무도 내 이야기를 듣거나 이해하지 못하고
아무도 나를 사랑하지 않고
모두가 웃었다 옷을 벗고 물을 마시고 바닥에 누워 천장
만 노려보았다

그해 여름에서 젊은 어머니는 바닥에 포대를 펼치고 밤
을 깎았다
가져온 밤을 다 깎아 돌려주어야 일당을 받을 수 있어
말없이 밤을 깎았다 잠든 나를 가끔 돌아보며
어긋난 손가락을 부여잡으며

어디서부터 끝내고 시작해야 하나

미래를 살릴 수 없었어 덧칠하듯 달아났지 서로에게

처음을 놓쳐
흰 손에 버려진 고백

망친 천국이 완벽해 혈관을 타고 안개로
흘러 그림자가
밤새

이별이 멈추지 못해서 숨가쁘게 사랑을 했지
흐릿한 표정과 말투가
꽃가루처럼 쏟아져 내리네 환하게
흩어져 죄같이

내일은 기다리던 곳에서 눈뜰 테니까

어지르자

빛이 다 차도록 춤출 수 있어 오늘이 네 생일이야

여전히 모든 게 지고 피는데
  우리는 어디쯤일까 여름과 함께 무엇이 멀어져가고 있는 걸까

내가 너를 좋아하듯이
축하해

영원히

무채색

택시비가 아까워 한 시간을 넘게 걸어서
집까지 갔다 안개 사이
때늦게 누군가 어른거렸다 이어폰에서 일정한 음악이 흘러나오고
머리 한쪽이 아픈 것도 버릇이 되었다
어느 새벽은
틀린 정산을 자책하며 마감을 미루기도 했다
손바닥의 쇳내가 가시지 않았다
조용히 녹슬어갔다
하품을 하듯 도시의 사타구니가
캄캄해졌다 아무리 밀어도 몸에서 무언가 자란다는 사실이 이상하고
무서웠다
벌건 못에 찔린 발자국처럼 떨어진 비가
구정물로 번지고 있었다 희끗한 담배 연기처럼 흩어지면 좋겠다
동이 트면 좋겠다
교차로에는 좌회전 신호를 기다리는 차들이 줄지어 있었다
바람에 긁히며 영정이 행진하고
인파가 길게 늘어섰다
혀를 내어 문 개마냥 짓무른 울음이
떨구어지고 있었다
구겨진 인간은 어디로 버려져야 하는가 못다 한 말들과

다만 죽어지내는 날들에

영원한 침묵

사랑은 셀 수 없이 옷자락을 붙잡았다 나를 쥔 채 놓지 않
았다
이제 습관적으로 몰락을 앓고 있다
손톱만한 비가
스친다 파업으로 도로를 점거한 자들을 피해 걸어와
네가 부재하는 빈집에 누워
너를 기다린다
쓰다 만 이력서와 마이너스 통장들이 쌓여 있다
씻어 말린 수저와 밥그릇이 이 집에서
가장 깨끗하다 우리 마음처럼 아무리 맞춰도 밥물은
매번 가늠이 달라진다 서천 능선 끝으로 해가 지고 있다
북성로 포장마차에 불들이 켜질 시간이다
여름인데
영사기가 꺼진 스크린마냥
암흑 창에 떨어진 눈송이가 꽃으로 피어난다
시리도록 화창한 시절이 다 휩쓸려갔다
진 꽃들은 모두 어디로 가는 걸까

영원과 작별이 서로의 끝에 마주서서

눈을 밟으면 저문 흙이 본성을 드러내지

눈이 녹으면

내가 태어날 때 싹이 튼 묘목 속에서 죽는 꿈을 꿔

바람을 너의 웃음이라 착각할 때마다

나를 잃어 인사도 없이

자라는 식물이 머리칼의 방향으로
서서히 가벼워지고

눈을 감아도
우리가 섞여 몇 개의 새벽에

헐벗은 흔적으로 하얗게

너를 쫓아 달릴수록 수평선마저 아득해지지 숨은 연기로 찬 듯이

도망치네 뒤에서 파도 소리가

마침내

너를 기다리던 모든 길에서
새처럼 쏟아지는 꽃
내 손이 익숙한 온기를 기억하지 못하거나
다른 연인에게 안기고
한때 그런 시절도 있었다며 쓴웃음 짓게 되는 나날이
미래에서 다가오고 있다
그러나 며칠째 하염없이 세상을 흔드는 꽃잎들은
지는 해에 기대어 눈부신 웃음소리
밤새 젖어가는 입속말
숨결의 여백
무수한 오늘이 어제로 빗나가고 있다
사랑해서는 안 되는 사람을 사랑하고
너를 알기 전으로 돌아간다 하더라도
나는 너와 결국
아무런 화도 슬픔도 없이 살아갈 것이다
비가 내리면 비를 맞으며
감기가 들면 열을 앓으며
동경만 했다
풀이 죽은 나무들이 커다란 길에 연이어 서 있다
너무 오래 살았구나
서로 바라만 보아도 알 듯한 침묵을
우리는 아득히 안고 있다
어느새 까무룩 잠이 들어

눈을 뜨면
모르는 계절 모르는 생애
알 수 없는 이 세상은 꽃들이 헤집어놓고 떠난 곳
파도가 일렁이는 너의 눈동자를 들여다볼 때
나와 마주하고 있다는 허상이 온다
희미한 핏줄기에 같은 혈액이 쏠려가고 있을 것 같다
아무 말 없이 꽃향기가 만발하면
소나기가 내리듯
새떼가 지고

유월 새벽

잠들지 못하는 새벽에 거실을 서성인다

이제 폐허뿐이다
사랑하지 않는 사람들과 끝없이 마주해야 하는

오늘은 세 건의 일정이 있고
길어진 머리카락도 돌아오는 길에 자르고 올 생각이다

불이 켜진 집
불이 꺼진 집

이 소파에 누워 있던
웃음소리가……

시곗바늘이 간다
여름이 가도 아무것도 끝나지 못할 것이다

네가 노인이 된 모습을 상상한다
이것을 사랑이라 느낀다

그러나 우리는 너무 멀다
나는 여기 서서 기약도 없이 다시 살아야 한다
네가 없이

한적한 분위기가 감도는
세상을

돌아가는 회전목마처럼
삼루수의 침묵처럼

지망생

1

입을 다물고 손을 씻는다

2

흰 목을 조르듯 아직은 숨과 피가 붙어 있다

괜찮다

상해서 단맛이 나는 밥알을 씹어 삼키며
맞서 싸워야 살아갈 수 있다
돌아가는 배팅 머신처럼 단 한 번이라도 기회가 온다면 이것만 견디면 결국
 닿을 수 있다면

원고를 갈겨쓰다 끄덕이고 이것이 나를 이 방에서 구원해 주리라 믿는다

방충망이 벌어져 창도 못 연 채
자리에 누워
흐릿해지는 얼굴만 숨죽여 바라보던 밤과

스스로 켜지는 현관 등을 보며
묻은 마음이

다 지나갔다

3

주말에는 중환자실에 방문해 할머니를 만나야지 할머니 여기는 저승 가는 대합실이에요 제명을 못다 하는 건 자식 농사를 망친 탓이에요 고모와 삼촌이 집안 살림을 거덜내고 우리 인생마저 훔쳐갔습니다 안락사도 글렀잖아요

할머니 지금이라도 호흡기를 내려놓으세요
할머니
할머니

대신 해드릴까요?

4

— 검은 비닐봉지를 들고 열쇠를 받으며 모자를 눌러쓰던
여관방 문을 밀고 들어가
고개 숙인 채 손톱으로 애꿎은 장판만 뜯던 밤이 있었다
약통 위를 비추는 달빛이 모질게 밝았다

신의 미래

이제 네가 신이 되었어

사랑하는 사람들이 바닥에 눕혀진 나를 내려다보며 전해주었다

나무로 지어 조용히 망가진 교실에서

다행이다 정말 다행이야
서럽게 울면서

살아남았다는 사실이 중요하다고 죽으면 다 끝이라고 반복했다

열린 창을 통해 온몸에 빛이 쏟아지고 손바닥으로 눈가를 쓸어내리듯 바람이 가벼웠다

신은 왜 나에게 신을 주었을까

바다에서 썩지 못하고 다시 밀려온 소년을 바닷가에서 수습하듯이

여름 내내 살의와 선한 마음들이 세계를 둘러싸고 일상을 회복하기 위해 긴 싸움이 이어졌던 것이다

─

　나의 몸 위로 수많은 꽃이 쌓이고

　환하게 웃으며 사랑하는 사람들을 안아주고 싶었다
　미래를 마주하고 온 것처럼
　살가운 눈물로

　더이상 막아야 할 슬픔도 지켜야 할 행복도 없지만 아직도 구름이 흘러서

　신이 된 첫날에는 인간들을 죽이고 도망치는 꿈을 꾸었다

　죽기 싫었다

─

우리에게 빛이 있다면

너와 머물던
길가에 가볍게 흙먼지가 일었다
꽃은 다 지고
고양이 한 마리가 잡초를 뜯고 있다
살아서
무성하게 번지는 여름
아름다운
사계
나의 묘비에 새길 모국어를 생각하며
장례식을 몇 번 치렀다
아무렇지 않게
언젠가 모두 늙어 구겨질 텐데
있던 사람이 없다는 것이
되뇔수록 선명해지고
우리에게 빛이 없었다면
우리에게 빛이 있었다면
아무리 헤매도
끝맺지 못하는 마음처럼
버드나무가 여윈 손을 휘날리고 있다
유려히 자라는 바람을 맞으며
너무 투명한
빛

서시

그해
네가 아름다워서

여름을
시작했다

2부
우리가 웃으면 막이 오르듯 슬픈 일들이 벗겨지니까

일사병

눈을 감을 땐 바람이 머물렀으나
일어나보니 흩어져 있다

모기향을 끄고 선잠을 추스르는 사이
무언가 떠오르려다 만다

소일거리 하나 없이 헌책방과 전자오락실을 지난다 학교 뒤 공터에서
보도블록을 긋다가 이른 저녁이 오면
식당에서 술을 마신다
뉴스를 보니 사람이 많이 죽었다

그래도
살아야지

계산대에 서서 즉석복권을 긁고 동전을 꽉 쥐던
각오로

횡단로를 건너 집으로 돌아가는 길
부디 오늘도 네가 안온한 밤을 지나기를 바란다

빈속에 알약을 털어 넣듯 해가 지고
공중에 새가 선회하는 일처럼

흐려질 것이다

건들거리며 몰려다니다 악수도 없이 돌아서는 날들이

미래에서

오래전 나를 파묻고 도망친 곳이다 아직은 무엇으로도 부르고 싶지 않다

일요일

책상에 죽은 화초가 있다 여전히 곧고
얼핏 붉다

이 진료실은 환기가 잘 되지 않는다 숨으로 가득찬 방에서
의사는 늑골 아래를 누르며
아픈지 묻고 처방전을 쓰고
이대로 살아서는 안 된다 말한다

약봉지를 들고 건널목에 서면 생경한 기분이 든다
아지랑이마저 움직이는데

도대체 언제까지

혼자서 잠을 설치고 식사를 거르고
그 여름을 뒤돌아보다가
웃을 수 있을지

버스 창을 열어두고 바람을 맞는다
턱을 괴고 무언가 적거나
긴 전화를 한다 몇 마디 안부를 나누고
한참 고개를 끄덕인다

광화문 광장이 우는 사람들로 울창해

멀리 돌아서 온다

부엌에서
도마에 새겨진 칼자국 위로 선명하게 햇빛이 머물고 있다

졸업

까닭 없이 피가 돌아 소란스럽다

쓰러진 나무가 몸을 씻고 있다 지난밤의 살냄새를 더듬으며

집 앞을 서성이다 무언가 이상하다는 생각이 든다 손 틈으로 새어 들어오는 햇볕이 머뭇거린다 머리를 말리듯

옥탑 위를 지나는 비행운이 시들해질 때까지

찬 국수를 말아먹는다
아직 온기가 남아 있다 벗어놓은 옷에
화창한 날 카메라 앞에서 짓던
웃음이 바래는 것처럼

십 년 만의 큰 장마전선이 지는 동안
십 년 전의 한나절을 되감다가
돌아보니 아무도 없다

빗소리를 들었는데
창밖에서 빈 나뭇가지만 흔들리고 있다

홀로 온 새가 울고 가듯이

또다시 꽃은 오롯이 지고

아름다움이 이곳에 있다

무성한 교목 아래 마주앉아
서로의 웃음이 가깝다

네 눈을 들여다보고 있으면
혼백 전체가 흔들린다

안고 싶다는 마음이 피어오른다

빛도
살아 있는 사람들도
없는 교정에서
평화 속에서

너에게 감정을 떨어뜨려 금이 간다
쓰는 데 지장은 없지만 눈이 가서 신경이 쓰인다
함부로 다루어서 그렇다
어디든 맡겨버리고 싶다

입을 열지 않아도
각자의 생각이 손에 잡힐 것 같다

어둠에 익숙해져도
네 모습이 흐릿하지만

아름다움이 이곳에 있다는 사실을
알 수 있듯이

훼손되도록 선명한 웃음 사이 우리가
살아 있어서 아름답다

솟은 열을 마주잡고 눈을 감은 채
멀리 바라보았다

커튼콜

1

여름 축제의 시작
가방에 넣어온 사복으로 갈아입을 때
흔들리는 조명 속 내 어깨에 네가 머리를 기댈 때
눈을 피하지 않을 때

2

  우리는 외출 금지를 어기고 비상금을 털어 바다를 보러 갔지
  불빛 아래에서 춤을 추고 긴 노래를 부르며
  밀려오는 적막을 바라보았어 멈출 수도 이어갈 수도 없이
  이것이 사랑이구나 그렇다면 음악이 멎고 아침이 오면
  끝나는 걸까 행복했던 가사가 후렴으로 들수록 슬퍼져도 그만두지 않았지만
  어지럽게 흩날리는 꽃잎들에 무언가 흐려지고 벌써 그리워
  오래도록 춤과 노래가 끝나지 않고 공허히 사랑이 증발하고 무슨 말을 어떻게 하더라도
  이 마음을 다 전할 수 없으니까
  크게 웃었지 오늘따라 유난히 아름다운 네가 먼 하늘을 쳐다보며 한참 웃어서

웃을 일도 없는데 불안해서 아프고 싶지 않아서

3

희미한 파도로 쓸려가던 새벽
세상은 여전히 너로 가득하지만
눈감으면 꿈일까 일출을 기다리며 어쩐지 익숙했고
이제부터 평생 이와 비슷한 크기의 일들만 이어질 것을 알았지

4

그날 흩어진 후 자연스럽게 혜와 연락이 끊어졌다
공무원 준비를 한다더니 사무직과 살며 아이도 낳았다는 소식이 들려왔다
희는 간호조무사로 들어갔다가 술집에 취직했다
우는 때가 늘어만 갔다
왠지 우리는 희가 죽을 것 같아 주기적으로 찾아가려 노력했는데
외국여행을 계획하던 윤이 갑자기 사라졌다 서먹한 기분으로 고시원을 정리해야 했다

민은 예술대학에 입학했다
창이 우연히 길에서 부딪쳤는데 눈가의 분위기가 달라졌더라고 다른 사람이 되어버렸다 일러주었다
창은 친구 몇과 여러 사업을 벌이다 파산하더니 부모님 집으로 돌아갔다

5

여름이 끝났다 이제 다시 오지 않을 것들이었다

6

몇 년이 흐르고 연락해보려 했지만 누구와도 닿지 않았다 어쩌다 스친 다음에도 끝이 좋지 않았다 네가 죽었다는 소문이 사실인지 궁금했다 우리가 언젠가 마주했을 때 웃어줬으면 좋겠다

네가 이 시를 읽고 있다면

소년원

   1

　해지는 지하도와 육교를 건너 집으로 돌아왔다 철조망 사이
　조용한 남풍에도 해바라기는 하혈했다 서문시장 도마 위에서
　마른 피가 씻겨나갈 시간이었다 그때도 시를 쓰고 있었다
　윗집은 남편의 회사가 도산하자 이혼하고
　아랫집은 아내가 바람이 나서 아이들을 버리고
　야반도주했다 얼마 후 빈집이 되었다
　매일 집 앞 고깃집에서 싸움이 일어나 술병이 깨지고
　구급차나 순찰차 경광등이 비치면 사람들이 연달아 실려
갔다
　그때도 시를 쓰고 있었다 배가 고팠다
　학교에서 죽은 친구는 기사 한 줄 나지 않고
　옆집 할머니는 매일 우리집 대문을 치며 내 아들 돌려내
라 악을 썼지만
　그때도 시를 쓰고 있었다
　새벽이면 놀이터 방향에서 살려달라는 비명과 사랑한다
고 죽여버릴 거라는 울부짖음이 섞였다
　그때도 입과 창을 걸어 잠그고 방안에서 시를 쓰고 있었다
　옥상의 환풍기가 계속해서 돌아가고

2

　기습적으로 법 개정안을 국회 본회의에서 통과시키면
　권력으로 검찰을 장악하면 돈과 인맥으로
　변호인단을 사면 여야를 옮겨다니며 출마하면 대통령실이 선거에 개입하면
　내부 고발한 자를 색출해 출당시키면 사회적 약자를
　위하는 척하면 핍박받는 소수자인 척하면
　전직 대통령이 세금으로 집이나 짓고 높은 담을 쌓아올려 칩거하면
　수많은 국민이 실의에 빠져 죽어가고
　단식농성과 분신자살이 이어지고 벌거벗은 이들이 부적응자 소리를 듣고
　퍼붓는 돌을 피하지 못한 채 얻어맞는 시대에
　누구도 나서지 않고 있어서

3

　어린 나는 가엾이 흘러넘치는 하천을
　버렸다 잔디가 너무 길게 자란 운동장에 홀로 놓인 축구 골대를
　버렸다 처량한 비닐하우스 터를

버렸다 산처럼 쌓인 쓰레깃더미와 구겨진 차들을
　버렸다 공장 굴뚝에서 피어오르는 연기가 구름인지 안개
인지 구분할 수 없었다

　　4

　기차가 산과 논밭을 스치고 있었다
　눈발 속 녹슬어가는 덫
　숨만 붙어

　고요해져버린 짐승들이 시커먼 피로 흘러갈 때까지

― **모든 할아버지는 소년이었지만 모든 소년이 할아버지가 될 수는 없다**

― 오래전 연락이 끊어진 사람의
청첩장을 읽으며

전신주에 종량제 봉투를
기대어둔다

우편함에 쌓인
담배꽁초와 고지서

목욕탕 증기도
앞산을 등지고

집에 작은 거미가 늘어나더니
장마가 오려나보다

손끝으로
누르면 바스러지는

매미가 운다
작년에 돌아가신 할아버지는 어쩌다

골목에서
먼 곳의

―

바람으로 서 있나

이대로 내가 대를 끊고
머물러도 좋은가

볕에서 그늘로 낮달이 흐르듯 살아

간다

절벽

　절벽이 있었다 절벽을 오르는 사람이 있었다 절벽 앞에서 절벽을 오르는 사람을 구경하는 절벽이 있었다 절벽을 깎는 절벽이 있었다 절벽의 손이 서늘해졌다 피지 않는 절벽이 있었다 부숴버리고 싶은 절벽이 있었다 초목 아래 새끼들을 숨긴 사슴은 절벽 끝으로 물이 차오르는 현실을 마주했다 바람이 흐르고 있었다 절벽 위에서 기다리는 것이 있었다 바람이 흐르고 있었다

나는 네가 사랑할 때 짓는 표정을 모른다

　나는 네가 사랑할 때 가는 바다를 모른다 네 창가의 수평선을 알지 못한다 모르는 사람들이 비를 맞으며 해변을 걸어간다 물속에 두고 온 것이 지루하도록 흐르지 않는다 웃을까 울고 싶은 심정은 꽃다발과 얼마나 다른가 지금 나에게는 라이터와 담뱃갑과 구겨진 시가 있다 언젠가 너에게도 주고 싶다 사랑하지만 죽지 못한 채 살아가고 있다 치욕스럽고 허탈하다 아직도 악령이라는 사실이 이것마저 너에게 그저 그런 아무것도 아닌 일이라는 사실이

낙원

내가 사랑하는 사람들은 어째서 이다지도 아름다울까

분홍빛으로 물든 파도가
온몸에 부서지듯

나와 유사하게 취한 아이들에게 다가가 속삭이고
웃음소리로 밀려왔다 쓸려가던
그 여름

제멋대로 마시고
기침을 하고

뭐라도 된 것처럼 휘청이는 기분을 벗을 수 없어

뒤에 탈래?
같이 소리지를래?

비를 먹고 자란 꽃들이 비바람에 스러지는 내음
화약 맛

들뜨는 열을 감싸안았어

불덩이 위로

춤을 추듯이

이곳은
네가 웃는 세상

개수대에서 수돗물을 마시거나 입속의 피를 씻어내지 않아도 되는

해체된 밴드의 히트곡을 크게 따라 부르는

네가 웃음을 멈추지 못해서 모든 미래도 아름다울 것만 같았지

사랑하고 있어
우리가 웃으면 막이 오르듯 슬픈 일들이 벗겨지니까

네가 한없이 외로울 때 나를 부르면 이미 그곳에 서 있을게

블라인드를 내릴 수도 없이
벤치에 움츠리고 앉아 꽃 덤불이나 뒤적거렸지

이 여름은 왜 이렇게 추울까

자판기를 발로 차고
마이크를 붙잡고서 목청 높이고
네온사인에 돌을 던지고
달리는 심장을 따라 웃었어 유리창을 박살 내고 옷과 술을 훔치고

더 크게 소리질러줘

너도 나와 같다면

제대로 해보자 보여줘야지 우리가 어디에서 와서 어디까지 가는지

왜 어른들은 멋있는 것을 보고 철없다 할까

아무래도 우리는 어른이 되지 못할 것 같아

잠든 너의 옆에 앉아

시곗바늘을 되감으며 걱정했지

우리를 앞질러가는 시간을 붙잡아 신이 되고 싶다고
그러면 아무것도 잊지 않고
너만 생각할 거라고

다시 태어나도 같을 거라고

이것이 사랑이 아니면 너와 나는 무엇 때문에 아파하는
것일까

해변을 따라 뒹굴며 해맑게 웃던 네가
수면에 누워 쓸려다니던 마음이

아직도 일렁여

다이빙대에 걸터앉은 기분으로 고개를 숙이면
검은 것이
끝이 안 보여서
너무 깊어서

혈관이 비치는 손목 위로

— 축축한

해가 물드는 침대 위에서

갑자기 살고 싶어지더라도 모른 척할게 같이 죽어버리자고 했잖아 나한테
네가

야행성

섞은 것 중에서 무엇에 취했는지 알 수 없어
맛이 간 채로 스프레이 래커를
벽에 흩뿌려

어지러워 늘어선 형광 조명과
오락기의 최고점
회전하는 룰렛에 가진 돈을 전부 걸고
무덤 위에 침을 뱉듯
현찰을 챙기고
눈이 돌아가고

투명한 입술과 피부의 색
한 번에 들이켠 후 털고 일어서듯
해가 뜨면
매번 다른 사람들이 옆에 누워 있어
누가 누구인지 알아보지 못해
우리는 우리를 믿지 않아

우리에게
파도와 햇살과 새가 있어도
돌아갈 곳이 없다는 사실에

덩그러니 트램펄린만 버려진 종착역 한복판에서

—

　샤워를 하듯이 침대 위로 지폐가 내리는 꿈을 꿔 해가 지면 다시
　비가 쌓이는 이불 아래서
　사랑을

　저지른 적 있어 무언가
　그은 자국의 손목과
　명치엔 붉은 장미
　불을 붙이는 동안
　연기 사이 너는 지나치게 아름답고
　사진을 찍고
　너를 지우고
　익숙한 냄새 속에 몸이 느껴지지 않아서

　지구가 계속하여 넘실거린다

　누워 있었다 사이렌소리가 멀어질 때까지

　봐
　우리가 올려다보던 곳 맨 위에 내 이름이 새겨졌어
　우리가 기원하던 무대들에 서
　함께 고른 옷을 입고서

　—

너와 걸으면 모두 우리만 훔쳐봤었는데
객석에 너는 없잖아
하지만 나는 너의 시를 읽어
그래 네가 나에게 줬던

너는 나의 빚
너는 나의 파편
너는 나의 호텔 욕실 핏자국

저편에서 붉은 신호등이 깜박거려
충혈된 얼굴을 감싸고 차도 중앙선을 따라 달리면
모든 네가 내 표정을
쓸어내리네

긴 터널로 차가 진입하는 것처럼 오래 숨을 참았지

이제 우리를 집어삼킬 테니까

— **새들은 왜 공중을 허공으로 흩어놓는가**

— 밤에 쓸려 해가 지고

나란히 걷는데
고요해서 아무것도 보이지 않았다

여름하늘에
무언가 지나가도

옆 사람과 스치는 손등에
마음을 살피느라

황량한 일을
헤아리지 못했다

머리카락이 흘러내려
얼굴을 간지럽히고

지금 우리가 무슨 색일지
생각하는 사이

흐드러진 민들레밭에서
홀씨들이 흩어졌다

—

만나본 적 없는 사람을
진정으로 그리워하듯이

여름하늘에

꽃이 흐르니
바람이 갔다

지옥에도 아침은 온다

회개하라
천국은 가까이 오고 있다
시끄러운 차량 스피커 울림이 고가도로에서 멀어지고 있습니다
빌딩숲 너머로 번지는 석양에 나의 깃발이
더이상 오르지 못합니다
꿈속에서는 내가 세상을 구했고 거리로 쏟아져나온 사람들이 울고 웃었습니다
어디로 흩어졌습니까 부서진 지구와 부서지지 않은 지구가……
쓰러지기를 거듭하며 여러 현실을 오가다가 숨이 다하는 순간
흙으로 썩어가듯 잠에서 깨어나고
손목을 잘랐다가 옥상에서 뛰어내렸다가 없는 가족과 친척에게
전화를 걸어 크게 소리치다가 오래된 친구들아
보고 싶다 우리가 어디서부터 멀어져버렸는지……
나의 지옥에서는 천사의 울부짖음이 더 크게 들립니다
천국은 휩쓸리고 신은 멸망했어요
저를 잊었습니까……
헛소리를 중얼거리듯이
어느 날 텔레비전 채널을 돌리다 무명 권투선수들의 시합을 본 적 있습니다

사각 링 안에서 피를 질질 흘리며 비틀거리는 인간들
그때 관중들이 외치던 구호가 세상을 구하라는 말로 기억됩니다
서 있기만 한다면 패배하지 못한 것 아닙니까
죽어가도록 사랑하거나
사랑하다가 죽어가거나
청춘이 계속되는 한 누구도 주먹질을 멈추지 않을 것입니다
기도라니, 구원이라니……
이제 나는 몇 번을 다시 태어나더라도 사랑하는 누구 하나 죽게 두고 싶지 않습니다
버려진 공장가에는 지금도 갈대와 바람처럼
되살아나던 우리가……
혁명은 무엇입니까 지옥 속에서
내가 던지는 꽃을 여러분은 잘 받고 있습니까
희생양 끝에서 강물 아래 무엇이 있는지 눈을 가리고
죄다 흘려보내지 않습니까
나는 매일 일터로 향하는 차량 좌석에 웅크려 대교를 건너다 미래를 끄적입니다
아무도 이 위대함을 몰라요 밤에도 낮에도 터질 듯한 심장을
그 무엇도 돌이킬 수 없다는 악몽으로 괴롭습니다
인생을 망쳤어요 이해하겠습니까 그대들 때문에 다 그대

— 때문에
 참 더럽게도 아름다운 세상이구나
 도대체 내가 무슨 짓을 저지른 건지 아직 모르겠습니다 이 세계에
 두 발로 서서 떠올려내야만 하겠지요 앞으로 걸어나가야 하는 것입니다 악착같이 살아남아서
 내가 구한 천국 위에서

3부
아름다운 날에는 아름다움을 생각하지 않을 수 없었다

송곳니

신에게 꽃다발이 처박혀 있다

나는 아름다워 실패작이라
칠판으로 책상을 집어던지고 아스팔트에 얼굴을 갈았어
주인공같이

피 먹은 혀를 물고 야위었다 이번 생도 퇴학이구나

무성영화에서 혓바닥 깨물면 바로 죽던데
생각보다 질기네
어떡하지

찢어진 교복과 비어 있는 주머니

세상 끝으로 떨어지는 느낌이 좋았어 이어진 길을 벗어나 달리고 마음껏 소리질렀지 연기 들이마실 때마다 오래 참는 법까지 연습했잖아

불꽃 피우는 것은 도무지 싫증나지 않았으니까

무표정하게
떠돌다 굶주린 새벽들
열시부터는 들어갈 곳도 없어

집 바깥에서 잠드는 법을 너무 일찍 배운
친구들
저 색색의 조명은 왜 성인만 밝히나
무서우리만치 조용한
도로를 긁으며 질주하는 오토바이들은 몇 명이나 더 죽여야 멈출까

우리 말고는 아무도 시끄럽거나 우주를 흔들지 못하는 도시에서

계속해 누가 나를 쓰레기라 부른다 기분이 좋다

신은 나의 피처링이다
지껄인다 아무것도 잘못한 일이 없는 나를 불쌍히 여기며 온종일
운다 지고 싶지 않아서 계속 방아쇠만 당겼다
죽지 못해서 숨을 쉬었다

제자리

부랑자들이 지하에서 잠들고
부랑자가 될 학생들이 공원 구석에서 연기를 피워 올리고 있다

모두 어디론가 쓸려가지만
아무도 울지 않는다

나는 인도 턱에 걸터앉아 스치는 차들을 구경한다 팔목을 긋듯
가로수 잎들이 흐른다 속절없이 바람을 맞고 있으면
무언가 잃어버리는 듯하다

길가로 유기된 개들
목줄을 차고
털을 흘리며

환승역 개찰구에서 밀려나오는 사람들

돌팔매에 달아나는 밤처럼 나이를 먹고
취해가듯이 무덤가만 헛돌게 될 것이다

다시 몸을 가질 때까지
장대비가 시내를 다 적실 때까지

기름때 설거지와 화장실 청소로부터

　먼 곳으로 나는 달리기 시작한다 바코드 찍듯 바닥을 세게 밀치고 술집과 포장마차들을 스치며
　곱씹고 있다

　언젠가 머리칼과 이가 피처럼 떨어지고 더는 일어서지 못하더라도
　지금 이곳으로 돌아와야 한다
　잊지 말자
　그 무엇도 되지 않겠다 흘러내리는 것을 옷소매로 닦으며

　절룩거리지 말자
　절룩거리지 말자

꽃나무

죽어 있었다
칠이 벗겨진 벽 앞에서

바람도 없이 무더웠다
화창한 하늘의 열기가 비현실적이었다
서정이 흐렸고
늙어서 추웠다

카운터에서 창 너머를 바라보거나 입도 못 대는 것들을
나르고 치울 때도 손끝이 부르트고 찢어지도록 전단지를
붙이고 다닐 때도 전화로 부모 욕을 들은
택배를 놓쳐버린 사랑을 쏟아버린

나의 여름은 그러나 친절히
죽지 않아서
벗어놓은 몸 아래 흙바닥이 젖어가고만 있었다
노동자와
실직자의 처지로
손발에 상처를 입고 병들어도
살아가듯이

아름다운 날에는 아름다움을 생각하지 않을 수 없었다

치유되지 않은 것이 있었다
사람들이 가벼운 발걸음으로 집까지 걸어갔다
잊을 수가 없었다
해가 지고 있었다

집행유예

어머니께서 수십 번 머리를 숙이고
나는 싸울 때마다 합의금이 없어 언제부턴가 바늘을 삼킨 것처럼 머뭇거린다

부러진 주먹을 쥔 채
정류장에 주저앉아 첫차를 보낸다 땀이나 식히는 동안
어긋난 치열처럼 비죽 솟은
피
흔들릴 정도로 파손된 뼈를 악물자
패자의 냄새가 배어나온다

차라리 철창 안에서는 아무것도 해치지 않아도 괜찮았다
누구도 목을 끊지 못했다

이제 울어도 흐려지지 않는 어머니만 내 앞에 서 있다
찢긴 비닐봉지처럼 마음도 바람에 일렁인다
세상이 느릿하게 침몰해버릴 것 같다
여전히 어머니가 희박한 웃음도 짓지 못해서 그리운 듯 바라보아서

천국에서도 서로의 등을 긁어줄까

어제는
떠난 사람이
등을 긁어달라 했다

가만히 쓸어주다보니
손끝에
피가 묻어났다

이렇게 쉬이 망가지도록 무얼 했냐며
고치러 가자
화만 내다 꿈에서 깼다

고요히

심장이 간지러워
눈물로 긁었다

방과후

더러운 동네일수록 위험한 아이들이 많고
어디를 가도 피 냄새가 배었다
전기와 수도가 끊겨 노인들과 줄을 서 무료 배식을 받아먹는
일신에 생채기가 있는
친구들

살아 있었다 공중화장실에서 여러 명과 싸우거나
도주하거나
뺨이 찢어진 채 무릎을 꿇고
진창에 짓눌릴 때
면회실 유리 너머로 웃는 얼굴을 볼 때
모두 살아 있었다 도둑 강도 방화범
사기꾼도 살인마도
살아 있었다

수갑을 벗고 두부를 무는 아이들

매혈을 하고 왔다는 친구는 핏기 없는 몰골로 걷다가
길바닥에 쓰러졌다
스위치가 꺼지듯
사람이 죽는다는 게 별일 아니구나
순간이구나

그래도 괜찮다 하청처럼
　전부 멈춰도 나의 스위치는 꺼지지 않았다 치열하게 숨 쉬고 움직였다

　고아원 담장에 박힌 유리병 조각들 사이로
　장미가 자라고 나는
　우울하지도 즐겁지도 않게 연애를 했다 비겁한 양아치들이
　민간인을 감금 폭행하고 흑색선전으로
　권력을 얻고 자리를 지키려 측근을 살해했다 그사이 부모를 등쳐먹은 우리의
　월세가 밀리고 클럽 골목에서 약을 던지고 대포폰을 쓰거나 중고차를 몰거나
　입실했다가 퇴실했다가 법원 재판장과 병원 접수처에
　여명이 스며들고 관에 누웠던
　행렬도 하나씩 제자리로 돌아오기를

　어느 지역에서 전쟁이 격발되고 잘 알지 못하는 국가의 장벽이 허물어진다

── **소년들의 공화국**

── 총구를 겨누던 손아귀들이 막사로 향하는 오르막

각자 죄지은 손을 모아 착한 기도를 했다
심장에 총알이 박히면 많이 아플까요
지금 들리는 전투기 소리도 이곳을 바라보는데
도대체 어디 계세요
교회는 하늘로 칠해져 있었다 십자가만이 먹구름이었다
우리가 구하던 신이 빗방울로 떨어졌다

익숙한 것들이 날마다 너무 헛되이 사라졌다
아직 따뜻한 신체들이 몇 줄의 결과로 소각되고
어디에도 과정은 적히지 않았다
죽은 동기의 관물대를 치우며 느린 음악을 크게 틀어놓고
한참 울었다

남은 자들은 여전히 사람 죽이는 법을 배우며
아침에 눈뜰 때마다 살아 있다는 사실이 부끄러웠다
철책을 붙잡고 외쳐도
메아리조차 없었다

비가 내리기 시작하면 하나둘 신과 인간 사이의 거리를 쟀다

──

모두 깨끗이 버려졌다는 것을 느끼고
다 함께 빗속에서 후렴이 긴 노래만 목청껏 부르던 그 밤
무언가 영영 끝나버렸다

그곳에서
우리는 우리와 싸우고 있었다

습작생

전역하자 무직이 되었다

전문대에서 쫓겨난 날
아버지의 시간이 반년밖에 남지 않았다는 걸 듣고
나는 붙잡고 있던 음악을
때려치웠다

이대로 끝나면 평생 불효자로 남을 테니까 할 줄 아는 게 없으니까

선생이 아니라 스승이 되어준 건
장하빈 시인과 김동원 시인이 처음이었다
내가 천재라는 사람도 처음이라
필요한 사람이 된 것 같았다

그러나 하루에 두 시간씩 자며 시만 쓰고도
예심 한 번 통과하지 못했다

어쩌면
천재가 아닌지도 몰랐다

이상한 애
중앙도서관과 서부도서관 구석 바닥에 찌그러진 애

자존심 세우다 망한 애
아르바이트 다섯 개 하는 애
돈 안 내는 애
친구 없는 애

평일 낮 열람실마다 일이 없어 보이는 아저씨들이 많았다
나는 멍청히 앉아 서가의 시집과 작법서를 전부 베꼈다
타인들의 눈에는 나도
갈 곳 없는 백수였을 것이다

아버지는 시한부여도 매일 출근했다
본인이 사라지고 나서 어머니와 내가 먹고살아야 한다는
유언이었다
그렇게 쌓인 돈 위에서 한번 미끄러지면
떨어져 죽을 것 같았다

혼자 걷다가
눈물이 났다

도서관 수업을 같이 듣던
누군가
자기 자식은 서울 대학을 졸업해 대기업에 입사했는데
그곳에 들어가려면 얼마나 열심히 살아야 하는 줄 아는지

― 가난하다면서 돈 못 버는 시인 따위 되겠다고
왜 이곳에서 그러고 있는지 물어봤다
어떤 대답도 할 수 없었다

통장 잔고를 헤아리다 올려다본 교통사고 현황 전광판부터 비구름까지
때가 끼어 있는데
샤워기에서 녹슨 물이 흐르고
집 건너 기찻길의 먼지가 폐 안으로 쌓여가는 나날들

깨어 있어도
이를 갈았다

뜬눈으로 뒤척이며
밤을 새웠다

우리 인생에서 가장 빛날 때는 도대체 언제일까 나도 모르는 새 지나가버린 것은 아닌가

쓰러지더라도
죽을 때까지 몸부림치겠다 다짐하고
내일이 없기를 바라며
눈을 감았다

―

꿈

돌아가시기 전날
아버지에게도 꿈이 있었다는 사실을 처음 알았다
왜 포기한지 알 것 같아서
아무것도 묻지 못했다

체험판 게임

자고 일어나면 손발이 붓고 말라붙은 눈물자국

포켓몬스터와 원피스
스타크래프트와 메이플스토리
WWE의 선수들
일 세대 아이돌의 은퇴와 복귀

비산동부터 고성동까지 쏘다니느라
떨어진 신발 밑창
수창초등학교 앞에 있던 나이트클럽과 홍등가
동창들이 일하게 될 곳들

첫 애인 첫 데이트 첫 이별
다음

서울 래퍼들도 오는 공연장
무대 위에서 팬들과 손바닥을 맞부딪치며 기분좋게 땀흘리는 랩스타

디카와 폴더폰
MP3와 PMP
월드컵 그리고 맨체스터 유나이티드의 박지성
삼성 라이온즈의 오 연속 우승

싸이월드에서 페이스북으로
페이스북에서 인스타그램으로
잘 안 풀리는 연애들
사랑 노래를 올려놓고 질질 짜는 밤들

다른 애인 비슷한 데이트 같은 이별
너

장하빈 시인의 '행복한 시쓰기'
김동원 시인의 '텃밭 시인학교'
그곳에서 만난 어른들의 따스함
손영숙 시인과 정이랑 시인
임미경과 지정화

얼어걸린 등단
처음 친해진 선배
대구 시인 형들을 만나고
여정 시인이 가르쳐준 것
아직 우리에게 첫 시집도 없던 시절
안지랑 곱창 골목에서의 합평들
권기덕 시인의 큰 웃음소리
김사람 시인이 모임마다 태워다준 차

— 우리도 언젠가 한탕 치자고
김준현 시인과 새벽에 걸은 영남대학교 몇 번이나 엇갈린 계명대학교
처음 청강한 김문주 평론가의 대학 강의
나도 위로 가야겠다 생각한 이성복 시인의 비밀 모임
부딪치던 잔들
조진리 시인의 술버릇
대구문화에서 일하던 이선욱 시인과의 인터뷰
대구신문과 KBS 대구
특강들
집 근처 분식점에서 읽은 강진규의 가능성
영진전문대학교 건너 중국집에서 들은 황재민의 꿈
피 흘리는 내 곁을 끝까지 지켜준
곽유진 박정수 박준희

그리고 배신한 친구들
본인만 믿으라는 사기꾼의 행사를 마치고 출연료 대신 받은 쓰레기
기억하지 못하는 사람들의
비웃음과 무시

너를 만나고 멤버들을 모아 동인을 결성할 때까지

—

새

관에 누운 아버지가
화구로 들어서다

돌아보듯
우두커니 서 있다

죽은 새가
우는 새를 위해

나무로 자라
꽃으로 피어나듯이

아득하다

서울행

—대한민국 국공립대학교 첫 무상교육 실현!
시외버스터미널에서 마주한 처음 듣는 학교의 광고판
나는 대학에 무엇을 얼마나 바쳤던가
스러진 이십대……

병장 시절 모랫더미에 박아놓은 삽처럼

텔레비전에서 장관이 무어라 연설하고 있다
야당은 결사반대한다
본인들이 무어라 떠드는지도 모르고
반대! 반대! 반대!

취업 시장 불평등에 모두 익숙해지는가
그로 인한 빈부격차는 누가 책임지는가
언제 사랑할 수 있는가
왜 수도권과 비수도권은 점점 멀어지는가
젊은 벗들은 죽고 나서 어디로 가는가
헌법을 거스른 특권 계급들은 어떻게 위장하는가
우리는 그들에게 무엇을 배우는가
누구를 위해 싸우는가

권력으로 보복을 하고
지지율로 비리를 옹호하고

뒷돈을 받고
서류를 위조하고 주가를 조작하고
감찰을 무마하고 증거를 빼돌리고
개혁 법안을 통과시키고 유력 후보를 낙선시키고
물라면 물고 덮으라면 덮는
권력을 이용하다 징역 몇 년을 구형받은 정치인은 자신이 한 일에 후회가 없다

시가지 침공이 공식화되자 마천루가 불타오르고 있다
전염병이 퍼지고 온 기력을 다해 쌓아올린 역사를 착취하려 여론을 선동한다
미세먼지로 온 세상이 흐리다
북한이 핵실험을 한다

신문지를 음료 캔같이 구겨 버리고 차량에 오른다

그래도 아픈 사람들 모두
닿을 곳이 있다

버스 창 위로 빗물이 떨어지자 유영하듯이

고속도로 일차선을
멈추지 않고서 간다

시차

먼 훗날
누군가 사진을 짚으며
이건 누구야? 언제야?
묻겠지
그러면 나는 머리를 쓰다듬어주며
두려워지겠지

4부
두 번 다시 돌아오지 않을 순간을 기억하자

신열

여름날 오후
빛이 울리는 운동장 스탠드에서
너와 나란히 앉아 있다

야구부 아이들이 땀에 젖으며
크게 외칠 때마다
손이 닿는다

너의
미래 같기도 하고
답신 없는 하늘이 망연하고
나는 바람소리가 몰려가는 방향만 바라본다

어제는 학교 뒷산의 돌을 찾아갔다
무거우면 소원을 들어주고
가벼우면 아니라는 것을

산길을 내려오는 동안
너를 생각했다

스탠드에 앉아 운동장만 건너다보다가
이제 곧 모두 사라질 테니
이 순간을 기억해야 한다는 너를 보며

나는 알았다

내가 너를 사랑하고 있구나

셀 수 없던 마음이 내일로 흩어지는 세상에서
유일하게 곁에 머무는 구름을

무더운
그러나 떨리는 목덜미와
지는 해를 따라 붉어질 이마 그리고 맥박을

안녕

너와 끝나고 싶어
네가 그리워
방학엔
서로의 집에 들러
게임팩의 먼지를 털고
소년 만화 잡지의 독자란을 채워넣다
가벼운 농담 정도의
절정을 맞았지
눈앞에서 막차를 놓치고 주저앉아 숨을 헐떡일 때
텅 빈 에스컬레이터에 실려 땀을 훔칠 때
창구에서 표를 환불받고
떼인 수수료가 아까워 욕을 뱉을 때
가끔은 숙박업소에서 녹차 티백과 믹스커피를 주머니에 챙기며
돌아보면 나무의자
옷걸이에 걸려 있는 수건
테이블에 펼친 지도
뚜껑도 닫히지 않은 채 거울 앞에 널브러진 싸구려 화장품
먹다 남은 과자
베개 속 깃털이 가득 흩날리고
숲속으로 투신하던
별들이
우리만을 위해 모여 춤추는 스탠딩석이었잖아

이제 갈까
그래 그러자
응
고마워
평생 잊지 못할 거야
잘 지내
높은 곳에서 웃으며 다시 만나
안녕

모든 여름이 유서였다

 흰 것을 몰아 내쉬었다 유명세를 기다리며 천천히 죽어가고 있었다

 최전방 철책에서 마주했다
 비무장지대 위로 미확인 무인기가
 저공비행하는 것을 발목 잘린
 간첩을 파도를 해변을 멀리서 젊은 남녀들이 함부로 낭비하는
 폭죽 불꽃을 수류탄과 자동소총을
 혼신으로 끌어안고서

 없는 너의 웃음소리가 멈추지 않았다

 전역 후에는 시험을 준비하거나 유학을 가는 친구들을 보며 막연해졌고
 버스와 전철의 뒤엉킨 사람들 사이에서 퇴근하다가
 무언가 잘못되었구나 생각했다

 아무리 잔업을 해도 혼수 준비와 양육권 소송에 대출받거나 실업하거나 주식과 채권과 암호 화폐와 부동산으로부터 기초생활 수급 끝에 고독사로 이어졌다 개를 두들겨 잡고 닭 모가지를 비틀듯

다리 힘이 풀릴 때까지 피에 젖은 얼굴로 돌아볼 때까지

사지를 늘어뜨린 새벽에도 강은 흐르고 철새가 날고 문득
애틋한 그러나 돌아갈 수 없는
나의 고향……

내가 일하는 룸 카페에서 밴드 멤버가 다 같이 숙식을 해
결하던 시절
아는 형의 라이브 클럽에서 너와 만났지
그때 이미 잠시 타올랐다가 죄다 흩어질 결말을
알고 있었어

불 꺼진 교실 창을 넘어 학교로 숨어들어가
나란히 누웠던 옥상
눈을 감고 걸어가자
붙잡은 손이 떨리고 있었지

너는 거의 잊었다고 언제 적 이야기인지 가로저었지만
일몰은 물러서고
나는 시간이 흐르면 이 모든 순간도 옛날이 되어버려서
마침내 없던 일로 끝날 것 같았어

너무 커다란 초침 소리

경찰에 신고당해서 강제로 교문을 나서며 아무것도 없는 뒤를 돌아보았지

　길거리에서 배운 짓들로 지금 막 세상으로 입학했고 이제부터 평생에 걸쳐서 싸워야만 한다는 뜻이었어

듣고 있어?
듣고 있어
아무도 우리가 누구인지 몰라
맞아
할 수 있어
할 수 있어
주먹으로 문을 두드리고
유리잔을 벽에 던지고
살아 있는 거야?
살고 싶어
일어서서 우리가 뭐하는 애들인지 제대로 보여주자
도로 한복판에서 소리를 지르고
다 쓸어 망쳐버려
할 수 있어

　쇄골을 밟아 분지르고 벽돌로 뒤통수를 깨자 세상을 그대

로 찢어발겨놓을 거야 어린 게 지겨워

찌르고 도망치다가

가짜들은 갈수록 높이 올라가고
우리만 막막하게 미발매 데모나 들고 이곳에 남겨졌지
「천국을 잃다」에서 말했던 것처럼
우리는 쟤들이랑 다르잖아

저 불빛에 돌을 던져
지금보다 훨씬 더 위로 올라설 수 있을까
환호로 전신을 씻어내고
웃으며 눈을 뜨고

첫 도박에서 크게 딴 찰나의 몸짓과 표정으로
세금으로 운율을 맞출게
끝없는 정원과 스포츠카
백화점 건물을 블랙카드로 긁어버리고
투어 전용기에 늘어선 샴페인
처음 보는 중독자들과 눈이 멀어
허공으로 돈다발이나 놓칠 거야 빈 깃털이 날리듯이
찬란히 열려
수표 아래서

새하얀 가루를 불면 퍼져나가
환각 너머의 축복이 도저히 마음에 들지 않아서
불을 질러
거룩하게

지옥에 노미네이트될 때까지
록스타로서 갈 때까지

그곳에서는 모두의 피부와 눈동자 색이 같아지겠지
그곳에서도 유행을 이끌겠지

그곳에 닿기 위하여

우리가

몇 명의 형사를 따돌려야 해?
불법을 언제까지 팔아?
통장에 숫자를 몇 개나 새겨야 해?
문제가 사라진 거야?
몇 명이나 곁에 있었어?
몇 놈이나 앞에 남았어?
시기 질투 열등감을 계속 품고 있어?

의심을 아직도 해?
정말 네가 죽였어?
몇 번이나 접견했어?
가족과 친척들이 네가 추락하기를 빌어?
몇 밤이나 이를 갈았어?
사랑은 종이 몇 장으로 살 수 있어?
천박할 만큼 욕을 들어봤어?
분노가 등을 타고 올라 울음소리를 뒤로한 채 문을 박차고 나가봤어?
독방에 남겨져봤어?
괴로워?

도대체 뭐가 문제야 이게 다 네가 원하던 미래잖아

실패한 자식
여기에 모든 걸 걸었어
뭘 할 수 있는데?
드디어 모두가 나를 바라는 때가 왔어
아무도 모르잖아
아니야
네가 아무것도 아니라는 걸
아니야
스스로 속이고 있잖아

― 마지막이야
잊히고 신음하다가 결국 또다시 홀로 버려질 거야
제발!

나는 영원히 이곳에서 내려가지 않아

여전히 욕하고
여전히 담배를 말아서 피우고
여전히 만취한 기분으로 달리는 차에서 뛰어내리지
여전히 지역을 대표해

(하지만)

너희를 사랑해 여전히

(그러나)

나는 여기 있는데
다들 어디에 있어

―시간이 흐르면 이 모든 순간도 옛날이 되어버려서 마침내 없던 일로 끝날 것 같다……

―

종일 서로 연락하고 선물을 고르고 여행지에서 함께 사진을 남기고 밥을 먹고 차를 마시고 술에 홀리고 약속을 어기고 사과를 되풀이하고 이해해주지 못하고 끊임없이 다른 바람이 들다가 비밀이 생기고

  싸우고 싸우고 또 싸우고

  네가 나에 대해 어떤 소문을 듣고 다니는지 알아
  신경 안 써
  우리를 더 미치게 만들잖아?
  정신 나가서 좋잖아?

  잊은 실수는 앞으로 저지를 죄에 비하면 아무것도 아니니까

  너희 가족이 나를 싫어했지
  따로 전화를 걸어 협박하고
  그래도 너는 언제나 말씀들을 잘 따랐어 각자에게 더이상 아무것도 아니게 된다 하더라도
  시키는 대로 살아보니 어때

  그때보다 행복하니 손목에서 빛나는 시계를 되감아 우리가 그날 다짐한 것과 반대로 늙어갈 수 있을 것 같니

괜찮아
괜찮아

작별은 주고받지 말자 다음에 봐 그래 언젠가 다시 만나

돌아보지 않을게 햇살에 기대어 그림자로 길게 답할게

아름답게 무너진 폐허 위 뜨거웠던 지난날들이 뒤에서 바라보고 서 있겠지

어디에서 눈을 뜨더라도 웃을 수 있을 것 같아

우리가 함께하던 이 모든 여름에

기색 없이 오른 열이
입속에서 벚꽃으로 웅크린다 마른 나뭇가지가 심장을 찌른다
여름 한복판으로부터
거대한 수목 아래 일렁이는 빛과 그림자 그리고
어떤 마음은 너무 희어서 세상이 무사해진다
눕힌 사람의 몸이 서서히 창백해지던 순간의 나는 어디로
떠났는가 금방이라도 흘러내릴 듯한 시절이 다 갔다
새들이 강줄기를 따라 이어진다 내년에도
벚꽃은 피고 지겠지 물길처럼 가야 할 곳을 향하여
영영 어지럽겠지 쉬이 번진 불면이 이상하게도
흩어질 기미가 보이지 않지만
여름은 허무히 스러지고 있다
사랑이 끝났다 오래된 꽃들이 선 채로 죽어가듯이
뜨거운 바람은 어디서 멈추는 걸까
갈수록 캄캄해지는 흙냄새만 숲에서 숲으로 부서지는데
여전히
그날의 그대가

재개발

이 집에는
빛이 머무를 자리가 없다

국도의 수많은 차들은 도대체 어디로 향하는 걸까

창가에 걸터앉아
라디오 안테나를 고치다
서성이듯 기침이나 뱉는 하루

앞집 담벼락의 가시철조망처럼
내일이 가슴을 파고든다 어제도 덜 잊었는데
오늘밤을 어떻게 해야 하나

어느새 현관에 칠해진 독백을 헤아린다 아무리 찢어도 쌓이는

아무것도 아직 추하지 않아서
접시를 씻는 어머니는 우리가 철거당하지 않은 것이 의아하다
어두운 뒷모습 속에도 성실히
피가 돌고 있다

언제까지 이 집에서 잠들 수 있을지 생각할 때마다

어쩌면 한 번도 살아본 적 없는 것 같다 현기증마냥 오
늘도
　시퍼런 해는 썰물이 밀려가듯이
　눈물이 흐르는 쪽으로 지고

월요일

부재중전화도 없다 늦은
점심을 준비하고 하품을 한다 덜 마른 빨래마냥
괜히 고개를 끄덕인다
이해하듯이

언젠가 이 섬으로부터 벗어날 수 있도록

조간신문은 하루치의 울음을 품고 있어서 눅눅한 걸까
미납 공과금 고지서처럼
그늘이 무의미하게 번져나간다 멍하니 냉장고 아래나
들여다보고 켜켜이 잠든 누수를
내버려두고

흰빛이
언덕에서 수평선까지 올곧게 뻗어가는 기슭을 생각한다
이미 무언가 다 지나가버리고 있다 하더라도
그곳만 죽지 않고

절망이 없고
천장이 없다

아침이 이 집까지 도착하려면 오래 걸릴 것이다

복도를 걷는 소리와 문을 두드리는 기척을
무료한 기념일이 끝나주기를
기다리다가

찬물로 얼굴을 깨끗하게 씻는다
장지에 머무르는 심경으로
나는 사랑을 모른다 나는 그리움을 모른다
그것은 질겨서

눈을 감았다 떠도 어제와 같은 자리다

그러나 그대마저 없으면 커다란 세상에 무엇이
젖어가고 나를 해치려 하고 우리를 영원히 추억하겠는가
어쩐지 십자가가 너무 많은
이 도시에서

입맞춤

깃을 치는 새를 그리다
하루가 갔다

이제
돌이킬 수 없다

이를 문 잠결이 크고 깊은 먹구름으로 자랐다
내 입안은 항상 안개로 가득차 있다

바람에서 눈물 냄새가 난다

말투와 버릇 언저리
죽이지 못하고 살아 있는 것들이 많다
장마철이 지나도 우리는
끝나지 않아서

육신을 적신 사랑이 녹슬지도 않을 여름

헤어지며 악수할지 포옹할지 고민하다 어색하게 손인사한 그대와 나는 마지막을 예감했던가

식어가는 옷처럼 널린
저 철새들은 어디로 흐르고 있을까

돌아갈 수
없나

몽유

어머니
비가 지나갔는지 세상이 흐릿하네요 악몽이 선명해서
오래 울었어요 사랑하는 사람들이 하나씩
사라지는 꿈이었어요

제가 태어날 때도 우리 둘 다 죽을 뻔했는데
도대체 왜 저만 늘 이럴까요

어머니는 웃었다 오래전 조용히 지난 기억이라고 이제 일어나서 너 스스로 살아남아야 한다고

홀로

초라한 바닥에서 눈을 떴다
허기와 한기가 이어지는데 나의 가족은 전부 어디로 가고
불거진 혈관으로 목을 놓는
저들은 누구인가

비가 오는 하늘이 몸서리치게 하얘서 천사도 울고

아버지
왜 이제야 오신 거예요
미리 알았으면 머리도 하고 옷도 예쁘게 입었을 텐데

변한 것 하나 없이 그대로시네요
식사는 하셨어요? 아픈 곳은 없으세요?
약속한 대로 성공했어요 모두가 저를 알아요 쉽게 닿을 것 같았는데 사실 힘들었어요
이렇게 돌아오셨으니까 다 괜찮아요
그 아이와 헤어졌지만 좋은 친구들이 생겼어요 조만간 정식으로 소개해드릴게요
즐겁고 믿을 수 없는 일들이 넘쳐났어요

아버지
돌아가실 때 어떤 마음이셨어요?
아버지
앞으로 아무 곳도 가지 말고 여기서 우리 같이 살아요

아버지, 아버지……

말없이 끌어안은 채 등을 쓸어내려주자
울음이 서서히 아물어갔다
그날 이후 처음으로 환하게 웃으면서
눈을 감았다

— **전야제**

— 나의 출생은 부고였다 죽은 아버지가
나를 끌어안고 울었다 죽지 못한 어머니는
추위와 어지러움을 견디며 멍하니 누워 있었다
무언가 두고 온 듯했다
세상에 남겨진 내가 그것을 찾아 헤매는 동안
세상은 아름다웠다 못 배운 부모들이
가난한 동네에 모여 살았고 자식들이
새벽에 출근해 밤에 퇴근하는 직업을 물려받기 위해
똑같은 학교와 비슷한 학원에 입학했다
서로의 빈집으로 골목으로 떠돌았다
좋아 보이는 옷과 신발을 훔치거나 뺏고 걸어 다닐 때마다
몇 개의 동전이 주머니에서 부딪치는 소리가 배경음악이
되어주었다
그 모든 일마저 아무것도 아니게 될 즈음
어른이 되었다
축의금과 조의금 몇 번에 세월이 갔다
무덤 앞에서 유가족이 울었다 너무 비통히 울고 있었다
나는 나의 부모를 위로하고 싶었다 그러나
아무도 듣지 못했다

—

나의 평화

비가 왔다

어머니에게
나라는 흉터가 생겼다

아버지가 나를 안고
쌈짓돈으로 철학관에서 이름을 지어왔다

포대기를 개는 할머니와
파랗게 식은 낮달

뒤뜰로 닭을 잡으러 가는 할아버지의
무더운 피

나는
대청마루에 잠들어 있었다

어스름 아래
서서히 마르는 꽃과 덤불

그러나 이곳은 보리수나무 가지도 흔들리지 않는
세계

― 그렇구나 이건 미래구나

흙으로 흙을 덮듯
가벼이 바람이 불어 따듯하고 평화로웠다

눈이 부셨다

영원

　오래도록 한 사람과 한 사람으로 살아온 두 사람은 영원이 무엇인지 알게 될 것입니다 서로의 밤과 아침이 조금 더 소중해질 것입니다 서로의 심장이 뛰는 일을 지금보다 훨씬 간절히 여길 것입니다 해처럼 빛나는 웃음소리와 손 틈 사이로 새어나가는 시간마저 아끼게 될 것입니다 하얀 꽃과 푸른 하늘이 솟구칠 때 눈동자가 시릴 것입니다 두 사람이 마주보는 순간이 평생과 같을 것이고 두 사람은 어쩌면 아무것도 끝나지 않을 수 있다는 믿음에 벅차오를 것입니다 서로의 영혼이 서로를 뒤흔들거나 상대의 우주로 떨어지거나 가끔 두려워지더라도 두 사람은 이제 한 사람으로 함께합니다 서로의 슬픔을 안아주고 부모의 기쁨을 이해하고 아이와 아이가 만나 어른으로 자라는 장면 속에 우리 모두가 머무릅니다 세상에서 가장 아름다운 첫걸음을 환하게 축복하고 있습니다 영원이 드디어 시작되는 것입니다 영원히

해방

모두의 핏줄에 흐르는 붉은 피를 위하여
비슷하게 뜨거운 심장들과 각자 다른 빛의 기도들을 위하여
아득한 지평선을 위하여 상처와 흉터의 영광을
금요일 밤과 일요일 아침을
위하여 높은 곳으로 돌을 내던질 때까지
대통령과 국회의원들의 머리를 짓밟을 때까지
굶주린 자들로부터 솟구치는 함성이
절박한 얼굴로 돌아보는 육체를 내리치고
각혈로 그려진 태극기가 폭발물을 안고서 도살장처럼 끌려다니는 날
벽 너머가 연기에 휩싸여
거대한 현실로 이글거리더라도
목숨이 끊어지는 마지막까지 행진할 것이다
비참한 싸움들
아직 성패는 알 수 없으나
살아 있는 한 무너지더라도 침몰하지 않을 테다
축복이자 저주가 되어
국가를 전복시키고 한 맺힌 자유를 울부짖다 거꾸러지기 위하여 마침내
온몸으로 하나의 시대를 마무리한 채 눈을 감아
역사상 가장 긴 한철로 흘러가기 위하여

해설

사랑이 아닌 다른 말로는 바꿀 수 없는 존재
김준현(시인, 문학평론가)

내심외경의 시-단 하나의 계절

잭 런던의 단편소설「불을 지피다」는 읽는 것만으로 몸서리치게 하는 추위 묘사가 압권이다. 한 남자와 눈과 개, 겨우 지핀 불과 끝내 실패로 귀결되는 결말이 전부이지만 혹독한 추위를 감각하는 것만으로도 생의 비의를 느끼게 하는 데에 결코 부족하지 않다. 이 추위는 한 사람의 삶이 도달한 최전선으로서의 육체를 드러낸다. 삶이라는 묵직한 관념과 의미는 추위 앞에서 생명이라는 보다 자연적인 상태로 남는다. 눈〔雪〕밖에 없어 표백된 것처럼 느껴지는 이 세계를 오롯이 죽음이라고 인지하게 한다. 막막하고 막연하며 무망하고 무연한 백지 위에서 시가 일인칭으로서 견디는 순간의 표상이기도 하다. 이 세계에서 남자는 어떻게든 발화(發火)를 시도한다.

겨울은 무장의 시간이다. 겨울에 우리는 목도리, 장갑, 모자, 마스크, 두꺼운 패딩으로 육체를 최대한 무장한 채 인상착의만으로는 식별이 불가능한 상태—개별성이 삭제된 상태로 영하의 온도와 맞선다. 겨울은 마이너스(-)가 붙는 시간이다. 온도는 자꾸만 떨어진다. 영하의 날씨는 늘 앞에 '-'를 붙이고 있어, 0과 같이 더 뺄 것이 없는 데서 더 빼려고 하는 천성이다. 더 뺄 수도 없는데 뺄 것을 종용하는 세상에서 바닥이 어디인지 모르는 것처럼.

겨울에 대해 길게 서술한 이유는 최백규의 시에서 거의 등

장하지 않는 이 계절을 통해 시인의 여름을 말하기 위함이
다. 계절을 도식적으로 나누고 싶지는 않지만, 겨울의 반대
항이 여름이라는 것은 통설이다. 같은 맥락에서 무장의 시
간을 견디고 마주하는 여름은 자기해방의 시간일까? 맨몸
의 시간일까? 더는 견디지 않아도 되는 시간일까? 빛의 과
잉과 함께 무수히 쏟아지는 생에 대한 긍정의 시간일까?

   서로를 보면
   열이 오른다 자취방 창가로 불어오는 여름
   높이 들어 잔이 넘치도록 마시는 여름
   거리에 쏟아지는 여름이
   마음을 와락 적신다
   어느 날은 햇살 아래 빛나는 너의 웃음이
   여름이구나
   내가 사랑하는 것이 이러한 여름이라 얼마나 다행인지
   우리의 여러모로 비슷한 일상이
   뜨거운 시절이라는 사실을
   두 번 다시 돌아오지 않을 순간을 기억하자
   이 여름이 우리의 첫사랑이니까
   이제 시작이니까
   너와 함께 있으면 내 삶이 다 망쳐질 것 같다는 예감이
들어 그래서
   네가 좋아

─「사랑은 여름의 천사」 전문

　순정한 고백의 외피를 입고 있는 「사랑은 여름의 천사」를 밝은 마음으로 따라가다가 갑작스레 마주하는 "내 삶이 다 망쳐질 것 같다는 예감"은 우리를 서늘하게 한다. 그 인과로 오는 "네가 좋아"는, 그러나 반어가 아니다. 메울 수 없을 것 같은 이 간극은 이번 시집의 끝까지 견고하게 유지되는 비장미의 일면이다. "집값을 폭등시키"는 여름, "전국 화장터에 시체들이 쌓이"는 여름, "비행기가 폭파되고 지하철이 불타고 배가／ 가라앉"는 여름이 지닌 문제적 현실은 "어긋난 손가락을 부여잡으며" "밤을 깎"(「그해 여름에서」)아야 하는 개인의 고통과 직결되면서 '적'의 얼굴을 갖기에 충분하다. 시집의 전반에서 이러한 여름은 계속되고 화자는 이 계절성에 온전히 자신을 투사한다.

　저는 일 년 내내 여름에 갇혀 있다는 생각이었어요. 그 여름이 온도와 습도로서의 여름뿐만 아니라 감정적으로서의 여름일 수도 있는 것 같아요. 그래서 이 시집〔첫 시집 『네가 울어서 꽃은 진다』(창비, 2022)를 가리킨다─인용자〕을 보면 일 년 내내 꽃이 피어도 눈이 와도 계속 여름이에요."[1]

---

1) 김혜빈, 최백규 인터뷰 「청춘과 사랑, 죽음을 엮는 최백규 시인

불가에서 쓰이는 말 중 '내심외경(內心外境)'이라는 말이 있다. 보다 섬세한 풀이가 있겠지만, 단순하게 풀자면 내 속에 있는 것을 밖에서 본다는 의미다. "일 년 내내 여름에 갇혀 있다는 생각"은 첫 시집에서 이번 두번째 시집에 이르기까지 계속된다. 특정한 오브제를 반복적으로 강조하여 시상을 집약시키는 방편으로 삼는 것은 시인을 장인(匠人)과 동일시하는 것이다. 그러나 시인에게 '여름'의 반복은 방법론적인 소재의 반복이 아니라 시인의 삶과 여름이라는 계절이 불가분의 관계에 있음을 드러낸다. 보고 듣고 느끼는 모든 것이 여름이어서, "기색 없이 오른 열"(「우리가 함께하던 이 모든 여름에」)과 같이 육체의 증상 속에서도 여름만을 발견한다.

'여름' 하면 떠오르는 이미지를 도출·나열해보면 강렬한 빛, 매미의 울음, 초록, 땀, 맨살, 운동성, 파랑, 다채(多彩) 같은 것들일 텐데, 이 모든 것들은 대개 어떤 절정에 상응하는 말로서 치환되곤 한다. 즉 일종의 변곡점으로서, 이후의 하강을 예비하고 있는 계절로서 '여름'은 사람들의 의식 속에서 상기한 이미지들로 전경화되어 있는 것이다. 그래서 필연적으로 최백규의 시를 읽는 이들은 '한국의 여

의 세계」에서 최백규의 말, 아트인사이트, 2022. 3. 15.

름을 대표하는 시인이 되겠다'[2]는 시인의 선언에 따라 시인의 시를 쉽게 오독(誤讀)하게 마련이다. 그러나 저 선언의 이면에서 시는 시인의 선언 이상을 보여주며 자율적으로 중량감을 획득한다. 시인은 모두의 의식을 배반하고, 여름이 지닌 모든 관성-중력을 완전히 무시하는 방식으로, '여름'을 재정의하면서 세계를 재구성하고 있기 때문이다. 최백규의 시에서 여름은 끝나지 않는다. 그의 첫 시집은 여름에 영속성을 부여하는 작업의 결과물에 다름 아니기 때문인데, 그의 시에는 이를테면 태어나는 것도 죽는 것도 상승도 하강도 웃는 것도 우는 것도 대구도 서울도 기쁨도 슬픔도 회복도 아픔도 모두 "여름"이다.[3]

인용한 바와 같이, 무채색의 겨울과 달리 여름은 '다채(多彩)'의 계절이다. 모든 대상을 하얗게 만들어 덮어버리는 눈의 세상은 일견 낭만적이다. 혹독한 추위에 불을 간절히 희구하는 자의 모습마저 지워버리는 여백에 대한 환상이다. 반면 여름은 모든 대상을 선연하게 한다. 풍경을 단일하게 뭉뚱그릴 수 없는 세계에서 최백규가 하나하나 대면하고 낱낱이 기록하는 것들은, 우리가 흔히 부정적인 의미에서 피

---

2) 같은 글.
3) 김준현, 「당신은 온몸으로 꽃의 영원을 추구하는 장르—최백규론」(제2회 텃밭시학상 작품론).

상적[4]이라고 부르는 것들로 통속적이며 지극히 적나라하다. 여기에는 숨고자 하는 마음도 숨김도 없다. 추억, 그리움, 사랑, 고통, 해방 등 관념이나 추상을 보조관념의 도움 없이 곧장 드러내는 큼직한 단어가 얼마나 범박하고 얼마나 비시적(非詩的)인 것으로 치부되는지 그 도약의 가능성을 모두 잃고 납작하게 읽힐 수 있는 위험을 알면서도, 그 앎을 초월하고자 한다. 시인은 상투적이라 일컫는 불행을 상투적으로 표현하는 것이 왜 잘못된 것인지를 묻는 태도로 도저한 관념을 있는 그대로 드러내려고 한다.

흰 것을 몰아 내쉬었다 유명세를 기다리며 천천히 죽어
가고 있었다

---

4) 흔히 시 담론에서 '피상'이라는 단어가 부정적인 뉘앙스로 쓰이는 경우를 왕왕 보곤 하는데 최백규의 시를 읽는 동안에 나는 이와 같은 기성의 맥락을 다른 형태로 환원하고 싶었다. 단어의 표피와 같이 우리의 손이 가장 먼저 닿는 자리임에도 불구하고, 정서적 깊이와 감응을 추구하느라 놓쳐버린 표면의 감각이 얼마나 절대적으로 작용하는지 우리는 알지 못한 채 지나치곤 한다. 우리의 삶은 모두 지표면에서 지표면의 공기를 이해하는 데 소비된다. 피부 위로 흐르는 땀, 고단함이 느껴지는 손의 깊고 거친 주름, 부드럽고 흰 순면, 표백된 종이 위에서 굴러가는 펜의 볼과 잉크 들이 그런 거라고. 상투로 떨어질 위험을 무릅쓰고 관념의 무게를 짊어진 '피상'은 비근한 삶을 무감하게 느껴질 법한 자리에 놓아두는 한 방법이라고.

최전방 철책에서 마주했다
　비무장지대 위로 미확인 무인기가
　저공비행하는 것을 발목 잘린
　간첩을 파도를 해변을 멀리서 젊은 남녀들이 함부로 낭비하는
　폭죽 불꽃을 수류탄과 자동소총을
　혼신으로 끌어안고서

　없는 너의 웃음소리가 멈추지 않았다

　전역 후에는 시험을 준비하거나 유학을 가는 친구들을 보며 막연해졌고
　버스와 전철의 뒤엉킨 사람들 사이에서 퇴근하다가
　무언가 잘못되었구나 생각했다

　아무리 잔업을 해도 혼수 준비와 양육권 소송에 대출받거나 실업하거나 주식과 채권과 암호 화폐와 부동산으로부터 기초생활 수급 끝에 고독사로 이어졌다 개를 두들겨 잡고 닭 모가지를 비틀듯

　다리 힘이 풀릴 때까지 피에 젖은 얼굴로 돌아볼 때까지

　사지를 늘어뜨린 새벽에도 강은 흐르고 철새가 날고 문득

애틋한 그러나 돌아갈 수 없는
나의 고향……

내가 일하는 룸 카페에서 밴드 멤버가 다 같이 숙식을 해결하던 시절
아는 형의 라이브 클럽에서 너와 만났지
그때 이미 잠시 타올랐다가 죄다 흩어질 결말을
알고 있었어

불 꺼진 교실 창을 넘어 학교로 숨어들어가
나란히 누웠던 옥상
눈을 감고 걸어가자
붙잡은 손이 떨리고 있었지

너는 거의 잊었다고 언제 적 이야기인지 가로저었지만
일몰은 물러서고
나는 시간이 흐르면 이 모든 순간도 옛날이 되어버려서
마침내 없던 일로 끝날 것 같았어

너무 커다란 초침 소리

경찰에 신고당해서 강제로 교문을 나서며 아무것도 없는 뒤를 돌아보았지

  길거리에서 배운 짓들로 지금 막 세상으로 입학했고 이
제부터 평생에 걸쳐서 싸워야만 한다는 뜻이었어

  듣고 있어?
  듣고 있어
  아무도 우리가 누구인지 몰라
  맞아
  할 수 있어
  할 수 있어
  주먹으로 문을 두드리고
  유리잔을 벽에 던지고
  살아 있는 거야?
  살고 싶어
  일어서서 우리가 뭐하는 애들인지 제대로 보여주자
  도로 한복판에서 소리를 지르고
  다 쓸어 망쳐버려
  할 수 있어
       —「모든 여름이 유서였다」 부분

  "흰 것을 몰아 내쉬었다"라는 문장에서 알 수 있듯「모든
여름이 유서였다」는 여름=죽음 직전의 기록임을 암시한
다. 마치 생을 회고하는 것만 같은 "여름"의 자서(自敍)이

기도 하다. "무언가 잘못되었구나"라는 감각이 개인의 일탈로 치부되는 개별적 발화로만 여겨지지 않는 건 "혼수 준비" "양육권 소송" "대출" "실업" "주식" "채권" "암호 화폐" "부동산" "기초생활 수급" "고독사"라는 피상적인 단어의 열거 때문이다. 백석이 「모닥불」에서 보여준 열거가 다정과 온기를 중심으로 모인 존재들에게 동일한 위상을 부여하는 방식이었다면, 최백규의 열거는 자본주의 현실에 매몰된 한 존재가 죽음에 이르기까지 따르게 되는 보편적 현실을 순차적으로 보여주는 방법이다. 일견 메말라 보이는 이 현실 인식이 거느리고 있을 수많은 실재를 시인이 모색하지 않는 건 그것이 화자의 경험이 아니기 때문이다. 보편으로 치부되는 자본주의 현실을 받아들이지 않겠다는 화자의 다짐 때문이다. "죄다 흩어질 결말을/ 알고 있"었던 화자의 예감이기 때문이다. 망해버린 세태를 가장 납작하게 표현할 수 있는 방법이기 때문이다. "일어서서 우리가 뭐하는 애들인지 제대로 보여주자"는 청유는, 끝내 평면으로 전락할 수밖에 없는 삶을 일으켜세우려는 의지를 보여준다. 최백규의 시를 읽고 있으면 우리가 살고 있는 이 세계가 혁명 전야처럼 느껴진다. 망해버린 세계를 앞에 둔 자에게서 전복의 열기와 임계점에 다다른 불안의 밀도가 느껴진다. 마치 다른 시대에서 온 시를 읽는 것처럼, 마치 1960년대 순수·참여 논쟁의 양극단을 모두 아우르는 것만 같은 열도에 가슴 떨려하며, 숨 쉬는 법을 잊은 것처럼 몇 번이고 숨을 죽이며 읽는다.

모두의 핏줄에 흐르는 붉은 피를 위하여
　비슷하게 뜨거운 심장들과 각자 다른 빛의 기도들을 위하여
　아득한 지평선을 위하여 상처와 흉터의 영광을
　금요일 밤과 일요일 아침을
　위하여 높은 곳으로 돌을 내던질 때까지
　대통령과 국회의원들의 머리를 짓밟을 때까지
　굶주린 자들로부터 솟구치는 함성이
　절박한 얼굴로 돌아보는 육체를 내리치고
　각혈로 그려진 태극기가 폭발물을 안고서 도살장처럼 끌려다니는 날
　벽 너머가 연기에 휩싸여
　거대한 현실로 이글거리더라도
　목숨이 끊어지는 마지막까지 행진할 것이다
　비참한 싸움들
　아직 성패는 알 수 없으나
　살아 있는 한 무너지더라도 침몰하지 않을 테다
　축복이자 저주가 되어
　국가를 전복시키고 한 맺힌 자유를 울부짖다 거꾸러지기 위하여 마침내
　온몸으로 하나의 시대를 마무리한 채 눈을 감아
　역사상 가장 긴 한철로 흘러가기 위하여

—「해방」 전문

아나키스트의 사랑

 사실 시집은 변성(變性)이 강한 책이다. 한 권의 시집을 다 읽고 나면 때로 긴 연서를 읽은 것처럼 심장이 불규칙적으로 뛰기도 하고, 논문을 읽은 것처럼 머리가 뜨거워질 때도 있다. 내게 최백규의 이번 시집은 한 권의 이력서를 읽는 기분이 들게 한다. 삶이란 이렇게도 가능하다는 걸 보여주는 이력서. "어른이 되지 못할 것 같"(「네가 한없이 외로울 때 나를 부르면 이미 그곳에 서 있을게」)은 마음의 이력서. 다 읽고 나서 해설이 간략해져야 한다는 생각을 했다. 한 사람의 곡진한 삶이 시의 동의어가 된 편편의 시 앞에서 판단도 분석도 모두 미뤄두고 그저 읽는 마음이 되고 듣는 마음이 되는 게 너무나 당연해서. 어느샌가 이 시집을 읽으면서 나는 행복할 수 있다는 믿음, 더 나아질 거라는 희망, 그리고 사랑을 간절히 염원하고 있는 나를 발견했다. 무망하게 살아가는/살아가고자 하는 이일지라도 이 시를 읽으면 역설적으로 자신의 삶에서 사랑과 희망을 발견하고자 애쓰게 될 것이다. 시집에서 우리는 시인의 청춘과 폐허를 동시에 경험하게 되기 때문이다.

내가 사랑하는 사람들은 어째서 이다지도 아름다울까

분홍빛으로 물든 파도가
온몸에 부서지듯

나와 유사하게 취한 아이들에게 다가가 속삭이고
웃음소리로 밀려왔다 쓸려가던
그 여름

제멋대로 마시고
기침을 하고

뭐라도 된 것처럼 휘청이는 기분을 벗을 수 없어

뒤에 탈래?
같이 소리지를래?

비를 먹고 자란 꽃들이 비바람에 스러지는 내음
화약 맛

들뜨는 열을 감싸안았어

불덩이 위로

춤을 추듯이

이곳은
네가 웃는 세상

개수대에서 수돗물을 마시거나 입속의 피를 씻어내지
않아도 되는

해체된 밴드의 히트곡을 크게 따라 부르는

네가 웃음을 멈추지 못해서 모든 미래도 아름다울 것
만 같았지

사랑하고 있어
우리가 웃으면 막이 오르듯 슬픈 일들이 벗겨지니까
　　　　　　　　　　　　　　　—「낙원」 전문

　시인의 시에서 일관되게 드러나는 시상의 중심축은 '개인사적'인 불행이다. 불행을 동반하는 시상의 전개가 '당사자성'을 가늠해보게 할 만큼 구체적이며 시편마다 일관되어 있기 때문이다. 특히 「습작생」 「체험판 게임」과 같은 시의 화자는 일말의 왜곡 없이 반영된 최백규 자신으로 보인다. 비근한 삶의 정황들과 사람들의 실명(實名), 그리고 "비산동"

"고성동" "수창초등학교" "안지랑 곱창 골목"(「체험판 게임」) 같은 여름의 더위로 유명한 '대구'를 연상시키는 구체적인 기표까지. 얼마든지 중심의 자리에 놓아둘 법한 개인의 삶이 틀림없음에도, 정말 있었던 일이라고밖에는 믿을 수 없음에도 시집에서는 그러나 이 모든 것들에 우선하는 "네"가 있다. "세상은 여전히 너로 가득"(「커튼콜」)해서 "네가 그리워"(「안녕」) "너를 기다리던 모든 길"(「마침내」)과 "쓰다 만 이력서와 마이너스 통장들이 쌓여 있"지만 "네가 부재하는 빈집에 누워" "너를 기다"(「영원한 침묵」)리는 마음으로 인해서다. "가방에 넣어온 사복으로 갈아입"고 "외출 금지를 어기고 비상금을 털어 바다를 보러" 가는 이들에게 "여름"이 단순히 불행만을 담보하지 않는 것은 "너"(「커튼콜」)와 함께한 시간이기 때문이다.

'너'에게 '나'의 모든 걸 걸어도 될까? 이토록 무구한 질문이 가능한 세계가 바로 여기 "낙원"(「스무 살」)이다. 다만 이 무구함은 고통과 슬픔을 배타적으로 밀어내며 보존한 순수가 아니라, 오히려 "유리창을 박살 내고 옷과 술을 훔치"(「네가 한없이 외로울 때 나를 부르면 이미 그곳에 서 있을게」)는 등 세상에 패악을 부리는 비윤리적 행위를 서슴지 않으면서, 더 선명해진 '나'의 지향을 보여주는 것이다. "취한 아이들" "휘청이는 기분" "화약 맛" "불덩이 위로/춤을 추듯이"(「낙원」)라는 대목은 일견 한순간에 휘발되어 버릴 쾌락의 표상으로 읽힌다. 정치적 올바름이 때로 시적

주체의 말의 동력을 약화시키는 게 당연한 현실에서 최백규의 시는 당사자성 그 자체인 듯 보이면서도 주체의 비윤리적 행위를 검열하지 않는다.

그러니 예상되는 질문 중 하나로, '청소년기에 있을 법한 일탈과 방황에 대한 미화가 아닌가?'가 있겠다. 충분히 할 법한 질문이지만, 바로 이 질문이 시작되는 순간 우리는 시에 너무 가까워져 있음을 깨달아야 한다. 시의 마력에 자발적으로 온몸을 내맡긴 사람이어도, 혹시 위와 같은 의문이 든다면 빠져나올 수 있어야 한다. 그러면 위악도 허세도 아닌, 세계에 균열을 내면서 자신의 '존재'를 증명하려는 '행위'가 보인다. 여기서 '존재=삶'이 아니다. "갑자기 살고 싶어지더라도 모른 척하게 같이 죽어버리자고 했잖아 나한테/ 네가"(「네가 한없이 외로울 때 나를 부르면 이미 그곳에 서 있을게」)라는 말처럼 죽음을 통해서라도 사랑을 증명할 수 있다는 마음이다. "네가 웃음을 멈추지 못해서 모든 미래도 아름다울 것만 같았"(「낙원」)다는 마음. 미래를 위해 지금 이 순간의 쾌락―'너'의 '웃음'을 담보로 잡지 않는 마음이다. 타협이나 영합을 모르는 화자의 단단한 내면과 선언이다.

나는 네가 사랑할 때 가는 바다를 모른다 네 창가의 수평선을 알지 못한다 모르는 사람들이 비를 맞으며 해변을 걸어간다 물속에 두고 온 것이 지루하도록 흐르지 않는다 웃을까 울고 싶은 심정은 꽃다발과 얼마나 다른가 지금 나에게는 라이터와 담뱃갑과 구겨진 시가 있다 언젠가 너에게도 주고 싶다 사랑하지만 죽지 못한 채 살아가고 있다 치욕스럽고 허탈하다 아직도 악령이라는 사실이 이것마저 너에게 그저 그런 아무것도 아닌 일이라는 사실이
—「나는 네가 사랑할 때 짓는 표정을 모른다」 전문

총구를 겨누던 손아귀들이 막사로 향하는 오르막

각자 죄지은 손을 모아 착한 기도를 했다
심장에 총알이 박히면 많이 아플까요
지금 들리는 전투기 소리도 이곳을 바라보는데
도대체 어디 계세요
교회는 하늘로 칠해져 있었다 십자가만이 먹구름이었다
우리가 구하던 신이 빗방울로 떨어졌다
—「소년들의 공화국」 부분

지루해 꿈속의 결혼식이 끝나지 않을 듯이 화려한 집과 차
좋은 사람을 나는 몰라
사랑을

지우고 있어 우리 아이가 원한 우주

얼룩진 캔버스와 빗물에 번지는 팔레트와 불현듯 스쳐
가는 너의 웃음소리에도
무너지듯이

바다 위로 비를
연신 잃어 오늘 같은 어제가 멈추지 않아 이제야 평화야
―「미래의 빛」부분

시인 김개미와 그림작가 이수연의 그림책 『많은 사람들이 바다로 가』(문학동네, 2024)에는 바다로 가려는 수많은 사람들이 나온다. "살던 곳과 비슷한 곳으로 가려고" "살던 곳과 다른 곳으로 가려고" 누군가는 "어깨에 멘 가방이 전부고" 누군가는 "껴안은 아기가 전부"다. 이토록 많은 사람들로 하여금 바다로 가게 하는 것은 '결핍'이다. 최백규의 시집에서 '바다'를 마주했을 때 나는 희망 없는 장소로부터 벗어나려는 마음이 '새'의 이미지로 표현된 이 그림책이 계속 떠올랐다. 디아스포라. 보트피플. 바다로 가야 하는 사람들. 갈 수밖에 없는 사람들. 바다는 끊임없이 유동하는 세계―모든 구조와 논리가 무화되는 세계를 상징하는 한편으로, 일종의 국외자로서 아나키스트가 지향할 수 있는 가장 매력적인 곳이 아닐까 생각했다.

시인의 시에서도 바다는 이전까지 자신을 둘러싼 세계를 완전히 파기하기 위한 최적의 장소다. 그러나 이 바다가 새

로운 시공간을 희구하는 자들의 소망을 매개하지는 않는다. 시인의 바다에는 너머가 없다. 바다가 목적지다. "네가 사랑할 때 가는 바다"는 "물속에 두고 온 것이 지루하도록 흐르지 않"는 세계다. "화려한 집과 차/ 좋은 사람을" 모른다는 고백은 당도할 수 없는 "미래"를 예감하는 것만 같다. 시간은 본디 흐르는 것이다. 그러나 바다는 특정한 방향으로 흐른다는 지향이 없다. 시간의 선형성조차 무화되는 바다에서 "빗방울"의 형태로 하강하는 "신"은 모든 곳에 임할 수 있지만 할 수 있는 일은 우리를 젖게 만드는 게 고작이다. "신이 되었"지만 "바다에서 썩지 못하고 다시 밀려온 소년을 바닷가에서 수습"(「신의 미래」)하는 일이 최선이다. 시간의 흐름이 자연의 순리라면 망각의 절대적인 힘에 맞서 기억해야 할 현실은 무엇을 뜻할까. 4·16 세월호 참사는 '바다'와 '세월'이 동의어가 될 수 없음을, 되어서는 안 되는 현실을 보여준 고통의 기억이다. 그러니 "너"에 대한 사랑이 무지와 환상을 담보한 일방의 것임을 고백하는 이 시의 끝에서 마음이 무너지는 경험은 아마도 여전히 '기억하는 사람'으로 남아 있는/남아 있으려는 인간다운 관성으로 인해서인지도 모른다. "사랑하지만 죽지 못한 채 살아가고 있다"(「나는 네가 사랑할 때 짓는 표정을 모른다」)고, '죽음'을 통해서만 구현 가능한 '사랑'이라고.

네가 울어서 꽃은 진다

　이 시집에는 많은 '너'가 있다. '너'는 아픔과 슬픔을 가로지르고, 과거와 현재와 미래를 모두 담보하며, 존재하면서 부재한다. 그렇다면 '너'는 일종의 신이 아닌가 싶지만 신의 위상은, 앞서 언급한 것처럼 "도대체 어디 계세요"라는 질문을 통해서, "우리가 구하던 신이 빗방울로 떨어졌다"(「소년들의 공화국」)라는 문장에서 알 수 있듯이, 희박하다. 영원불변의 바다 앞에서 빗방울처럼 미미한 존재일 뿐이다. 그러니 절대자를 뒤로하고 시의 화자가 희구하는 '너'는 '나'의 정서적 근간으로 읽힌다. 시에서 '너'는 '나'와 함께 일탈을 감행하는 동지였다가, 사랑하는 사람이었다가, 부모였다가, '나'가 끝내 보듬지 못한 '나'의 일부였다가, 고인(故人)이었다가, 결국 시가 된다. 다만 뜻이 왜곡될까 덧붙이자면, '너'는 맥락에 따라 편의적으로 해석되는 무언가가 아니라는 사실이다.

　　너와 끝나고 싶어
　　네가 그리워
　　방학엔
　　서로의 집에 들러
　　게임팩의 먼지를 털고
　　소년 만화 잡지의 독자란을 채워넣다

가벼운 농담 정도의
　절정을 맞았지
　눈앞에서 막차를 놓치고 주저앉아 숨을 헐떡일 때
　텅 빈 에스컬레이터에 실려 땀을 훔칠 때
　창구에서 표를 환불받고
　떼인 수수료가 아까워 욕을 뱉을 때
　가끔은 숙박업소에서 녹차 티백과 믹스커피를 주머니에 챙기며
　돌아보면 나무의자
　옷걸이에 걸려 있는 수건
　테이블에 펼친 지도
　뚜껑도 닫히지 않은 채 거울 앞에 널브러진 싸구려 화장품
　먹다 남은 과자
　베개 속 깃털이 가득 흩날리고
　숲속으로 투신하던
　별들이
　우리만을 위해 모여 춤추는 스탠딩석이었잖아
　이제 갈까
　그래 그러자
　응
　고마워
　평생 잊지 못할 거야

잘 지내
높은 곳에서 웃으며 다시 만나
안녕

—「안녕」 전문

  첫 문장은 비문이다. 그래서 눈길을 더 오래 머무르게 한다. "너와 끝나고 싶어"를 자연스러운 어법으로 수정한다면 "너와 끝내고 싶어"가 된다. 더이상 함께할 수 없음을 뜻하는 관계의 종결을 선언하는 말이 된다. 그러나 화자는 접속조사인 "와"를 통해 비문을 무릅쓰고라도 "너"와 "끝"을 함께하는 존재로 남으려고 한다. "방학엔/ 서로의 집"에 들르고, "눈앞에서 막차를 놓치고 주저앉아 숨을 헐떡"이고 "숙박업소에서 녹차 티백과 믹스커피를 주머니에 챙기며" 시간을 보내는 일은 특별할 것 없는 일상이다. 그러나 이 특별할 것 없는 일상을 살아보지 못하고 간 사람의 "안녕"을 위해—"안녕"이라 말하기 위해 화자는 자신의 일상 안으로 "너"를 초대한다. 이 별 볼 일 없는 일상이 누군가에게는 너무나 특별해서 "고마워" "평생 잊지 못할 거야"라는 인사를 하게 한다. "높은 곳에서 웃으며 다시 만나"자는 약속을 하게 한다. 온도에 마이너스(-)가 붙는 것이 존재가 희박해지는 개념으로서 읽히는 겨울과 달리, "높은 곳"은 시인의 열망과도 상통하는 세계이면서 역설적으로 '죽음' 이후의 세계처럼 느껴지기도 한다. 이때 '너'가 살아 있는 사람인지 죽은 사람인지 구분하는 것은 현실의 논리일 뿐 최백규의 시에서 삶과 죽음의 경계는 무력하다. '너'는 사랑이 개별화된 여러 대상으로 분기되는 지점에 서 있기 때문이다.

  시집을 읽다보면 사랑이 아닌 다른 말로는 바꿀 수 없는 존재가 '너'라는 사실을 알게 된다. 모든 시가 저마다의 경로로 불행과 슬픔을 경유해 도달하는 자리가 사랑이기 때문이다. 다만, 함께 취해버렸기 때문에 가능한 사랑, 망했기 때문에 가능한 사랑, 죽었기 때문에 가능한 사랑과 같이 일견 예외적으로 보일 수 있는 사랑의 자리들이 전경화되어 있을 뿐이다. 시인의 내밀하고 곡진한 개인사와 현실-세계에 대한 여과 없는 비판, 그리고 삶의 갱신 의지까지 모두 좇아 읽은 사람 역시 시인이 '너'라고 부르는 이―곧 사랑이겠다. 사랑은 설명할 수 있는 것이 아니므로, 사랑이 전경화되어 있을 때 해설은 무용하기만 하다. 읽는 사람의 시선이 오롯이 시에만 가닿기를 바라는 마음이다. 이 시집을 덮고 나서 다시금 펼친 당신이 '너'라면, 불가능한 문장을 쓰기 위해 지금까지의 삶을 담보로 맡긴 시인의 여름을, 사랑하지 않을 수 없을 것이다.

최백규 1992년 대구에서 태어나 명지대 문예창작학과를 졸업했다. 2014년『문학사상』신인문학상을 받으며 작품 활동을 시작했다. 시집『네가 울어서 꽃은 진다』, 어린이책『너의 장점은?』, 동인 시집『한 줄도 너를 잊지 못했다』『너는 아름다움에 대해 생각한다』등이 있다. 텃밭시학상을 수상했다. 창작동인 '뿔'로 활동중이다.

문학동네시인선 238
여름은 사랑의 천사
ⓒ 최백규 2025

1판 1쇄 2025년 7월 14일
1판 3쇄 2025년 8월 12일

지은이 | 최백규
책임편집 | 정민교 편집 | 김내리
디자인 | 수류산방(樹流山房) 본문 디자인 | 고희주
저작권 | 박지영 형소진 주은수 오서영 조경은
마케팅 | 정민호 서지화 한민아 이민경 왕지경 정유진 정경주 김혜원 김예진 이서진
브랜딩 | 함유지 박민재 이송이 박다솔 조다현 김하연 이준희
제작 | 강신은 김동욱 이순호
제작처 | 영신사

펴낸곳 | (주)문학동네
펴낸이 | 김소영
출판등록 | 1993년 10월 22일 제2003-000045호
주소 | 10881 경기도 파주시 회동길 210
전자우편 | editor@munhak.com
대표전화 | 031) 955-8888 팩스 | 031) 955-8855
문학동네카페 | http://cafe.naver.com/mhdn
인스타그램 | @munhakdongne 트위터 | @munhakdongne
북클럽문학동네 | http://bookclubmunhak.com

ISBN 979-11-416-1104-0 03810

* 이 책의 판권은 지은이와 문학동네에 있습니다. 이 책 내용의 전부 또는 일부를 재사용하려면 반드시 양측의 서면 동의를 받아야 합니다.
* 이 책은 서울특별시, 서울문화재단 '2025년 창작집 발간지원 사업'의 지원을 받아 발간되었습니다.
잘못된 책은 구입하신 서점에서 교환해드립니다.
기타 교환 문의: 031) 955-2661, 3580

www.munhak.com

문학동네